clave

Greg McKeown es autor, conferenciante y estratega de liderazgo y negocios. McKeown es licenciado en Periodismo y Comunicación por la Universidad de Stanford y posee un MBA de la Escuela de Negocios de Harvard. Es autor del bestseller internacional *Esencialismo*, publicado en 35 países, con ventas de más de un millón de ejemplares en todo el mundo.

Además de su trabajo como autor, McKeown es un conferenciante muy solicitado y ha impartido charlas en importantes empresas y organizaciones en todo el mundo. Sus ideas han sido destacadas en medios de comunicación como T*he New York Times*, *The Wall Street Journal* y *Harvard Business Review*.

Su trabajo ha inspirado a millones de personas a adoptar un enfoque esencialista de la vida y a buscar la excelencia al centrarse en lo que realmente importa. Con su enfoque claro y práctico, McKeown ha cambiado la forma en que las personas piensan acerca de su tiempo y sus prioridades, y ha ayudado a muchos a encontrar un mayor sentido de propósito y satisfacción en sus vidas.

Esencialismo

Logra el máximo resultado con el mínimo esfuerzo

GREG MCKEOWN

DEBOLS!LLO

El papel utilizado para la impresión de este libro ha sido fabricado a partir de madera procedente de bosques y plantaciones gestionadas con los más altos estándares ambientales, garantizando una explotación de los recursos sostenible con el medio ambiente y beneficiosa para las personas.

Penguin Random House Grupo Editorial

Esencialismo
Logra el máximo resultado con el mínimo esfuerzo

Título original: *Essentialism. The Disciplined Pursuit of Les*
Publicado originalmente por Crown Business, Nueva York.

Segunda edición en Debolsillo: octubre, 2025

penguinlibros.com

María Andrea Giovine, por la traducción
Diseño de portada, arte del libro e ilustraciones
de interiores: Amy Hayes Stellhorn y su equipo/Big Monocle,
en colaboración con María Elias
www.sassaart.com

ISBN: 978-607-386-459-6

Impreso en México – *Printed in Mexico*

A Anna, Grace, Eve, Jack y Esther
Vosotros personificáis todo lo que para mí es esencial

Índice

Introducción

Diez años de *Esencialismo*

Hace unos años, Banks Benitez, en ese momento director general de Uncharted, una empresa de impacto social con sede en Denver, se encontró atrapado en la habitual red de jornadas laborales interminables. Su vida era una maraña de reuniones, correos electrónicos y la incesante búsqueda de «más». Hasta que un día se topó con el libro que tienes en las manos o estás escuchando ahora mismo.

Para Benitez, adoptar la filosofía del Esencialismo no se limitó a hacer pequeños ajustes, sino que provocó la revisión radical de sus planteamientos sobre el trabajo y la vida. Empezó por analizar todas las tareas, las reuniones y los correos electrónicos haciéndose una pregunta importante: «¿Es absolutamente esencial?». Se trataba de algo más que de gestionar el tiempo. Era una búsqueda de sentido y de impacto. Al deshacerse de lo que no era esencial, Benitez no solo recuperó su tiempo, sino que además redescubrió su pasión y sus objetivos.

La transformación fue profunda y personal, pero Benitez no se detuvo ahí. Pensó en aplicar el Esencialismo en su empresa. Su idea, aunque sencilla, era revolucionaria: conseguir más trabajando menos. Benitez llevó a cabo un audaz experimento para introducir en Uncharted la semana laboral de cuatro días sin sacrificar la productividad ni los beneficios económicos.

Su desafío al *statu quo* de la semana laboral tradicional se recibió con escepticismo, pero los resultados hablaron por sí mismos. Se disparó la productividad, la satisfacción de los empleados alcanzó un máximo histórico y el rendimiento de la empresa se fortaleció. Uncharted se convirtió en un faro del movimiento de la semana laboral de cuatro días y demostró que, cuando nos centramos en lo que realmente importa, menos puede ser más.

Esencialismo llegó a las librerías en abril de 2014, y yo jamás habría imaginado el impacto que tendría en personas como Banks Benitez en los diez años siguientes. Su historia ilustra el hecho de que buscar una vida más significativa a título personal puede desencadenar un movimiento que desafíe los conocimientos convencionales y remodele toda una empresa.

La cuestión es que no es el único.

Kyle Westaway se sentía muy frustrado con el modelo de bufete de abogados tradicional. Los lentos y opacos procesos y la manera habitual de abordar los temas no le parecían adecuados para las empresas emergentes, que era a lo que se dedicaba como abogado. Cuando adoptó el Esencialismo, sintió el deseo de crear algo radicalmente diferente. Kyle comentó: «No exagero si digo que, aparte de las Escrituras, este es el libro que ha tenido el impacto más positivo en mi vida».

Westaway decidió asumir un gran riesgo: fundaría un bufete de abogados que funcionaría atendiendo a los principios de este libro. Se propuso crear un bufete que atendiera las necesidades de sus clientes sin sucumbir a la ineficacia ni a la cultura del agotamiento, tan frecuentes en el sector. Convencido de que los habituales sistemas de incentivos daban lugar a un exceso de trabajo y a escasos resultados, Westaway decidió desmantelarlos y adoptar un modelo de facturación de tarifa fija en lugar de la facturación por horas típica del sector. El éxito de la empresa se mediría por el valor que proporcionara a sus clientes, no por las horas que facturara. Su bufete, Westaway, se convirtió en un testimonio de la idea de que centrarse en un nicho (en su caso, las necesidades concretas de las empresas en fase inicial) y brindar servicios jurídicos personalizados y de alta calidad podía funcionar y, además, tener éxito.

Este viaje no estuvo exento de momentos de duda y miedo, sobre todo porque rechazar trabajo parecía contrario a la supervivencia, pero a medida que Kyle se enfrentaba a los retos de ajustar su negocio a los principios de *Esencialismo* y *Sin esfuerzo*, descubrió el profundo impacto de decir «no» a lo que no es esencial y centrarse en lo que de verdad importa. La historia de su empresa nos recuerda que reinventar nuestro trabajo y nuestra vida a través de la lente de *Esencialismo* y *Sin esfuerzo* puede llevarnos no solo al éxito, sino también a la realización personal y a la sensación de que cumplimos nuestros objetivos.

Jerry Swale es otro ejemplo del poder transformador de *Esencialismo*. Swale es un cirujano oftalmólogo que llevaba muchos años intentando hacerlo todo y decía que sí a todos los pacientes, tuviera tiempo para tratarlos o no. Constantemente hacía favores a los demás médicos de su consulta. Y a todo eso se sumaban las responsabilidades que había asumido en su iglesia y en su comunidad. Su mujer, Beth, me contó que a menudo se sentaba, se sujetaba la cabeza con las manos, abrumado, y decía: «¡No puedo con todo! ¡No puedo con todo!». Pero después se levantaba y exclamaba: «¡Tengo que hacerlo todo!».

A los cincuenta y seis años, Swale empezó a tener problemas de salud que amenazaban con poner fin a su carrera de cirujano. Sabía que debía ver a un médico, pero estaba tan ocupado que lo posponía. Al final, durante un largo viaje por carretera con su mujer, se dio cuenta de que el tiempo para cuidarse no aparecería por arte de magia. Tendría que hacerle un hueco, así que lo habló con su mujer y decidieron pasar a la acción.

Tomó nota de lo que quería decir y a continuación envió varios correos electrónicos. Redujo sus horas de trabajo, y sus compañeros lo apoyaron. Renunció a la junta de su iglesia. Empezó a pasear en bicicleta, lo que le encantaba, y a dormir ocho horas cada noche. Y lo más importante es que acudió a un dermatólogo para solucionar sus problemas de salud.

Poco después, el socio de Swale se jubiló habiéndole avisado con solo un mes de antelación. Un año antes, «ese estrés podría haberle provocado un infarto», comentó su mujer, pero, gracias a los cambios que había llevado a cabo, ahora tenía espacio en su vida para ocuparse de los pacientes y de las operaciones de su socio, y no tardó en encontrar otras cosas que podía eliminar de su agenda para liberar aún más tiempo. Ya no tenía que «tenerlo todo». Le bastaba con tener las pocas cosas que de verdad importaban. Descubrir qué era lo esencial «le cambió la vida, quizá incluso lo salvó», como dijo Beth.

Las historias de Banks Benitez, Kyle Westaway y Jerry Swale están entre mis favoritas, pero todos los días me escribe alguien para decirme que leer *Esencialismo* le ha cambiado la vida. Así sigue siendo. Las personas no solo leen el libro, sino que parecen vivirlo.

No solo leen el libro de principio a fin una vez, sino que lo convierten en una tradición anual. Un agente de Hollywood me dijo que había leído o escuchado el libro diecisiete veces. Gracias a ello había transformado su cartera de clientes, había vendido su piso de Los Ángeles y se había mudado a un lugar donde podía criar a su familia con cierta tranquilidad.

Ver cómo *Esencialismo* pasa a formar parte del gran público ha sido una lección de humildad, y también ha sido emocionante. Kanye West se declaró esencialista en una conversación con Joe Rogan. Es el libro favorito de Steve Harvey. Maria Shriver, ex primera dama de California, comparte ideas del libro en sus codiciadas comidas dominicales. El boxeador Oleksandr Usyk tenía en las manos un ejemplar de este libro mientras se dirigía al combate que lo convirtió en campeón mundial indiscutible de pesos pesados. Incluso aspirantes a la presidencia han hablado de su capacidad transformadora. En Brasil, *Esencialismo* ha superado en ventas a

Harry Potter. En Japón se ha publicado una serie de novelas gráficas basadas en sus ideas. En essentialism.com, personas de más de cien países toman clases por internet. Cientos de miles de personas reciben mi boletín *1-Minute Wednesday*. Mi pódcast se ha convertido en una animada conversación con personas de todo el mundo.

Y el Esencialismo también me ha cambiado la vida a mí. En los diez años transcurridos desde la publicación del libro, he dado conferencias en cientos de organizaciones de cuarenta y cuatro países. Y, por supuesto, he dicho que no más veces que sí. Esos compromisos representan menos del 10 por ciento de las solicitudes que he recibido. Entretanto, mi familia, que es mi prioridad, ha prosperado. Anna y yo estamos cada vez más unidos. Nuestros hijos son nuestros mejores amigos. Las concesiones han sido deliberadas e intencionadas, y han merecido la pena.

La cantidad de invitaciones que he recibido es tan abrumadora que yo mismo he tenido que convertirme en esencialista en otros aspectos. Me siento como Anne Morrow Lindbergh, que escribió en *Regalo del mar*: «Mi vida no puede responder a las solicitudes de todas las personas a las que quiero».

El mundo también ha cambiado en los diez años transcurridos desde que *Esencialismo* se publicó por primera vez. Está hecho un desastre, y la tecnología es cada vez más potente y nos distrae más. Mientras escribo estas palabras, los principios de este libro siguen pareciéndome no solo relevantes, sino más importantes que nunca para navegar en la incesante marea de exigencias de hoy en día. Aunque ha vendido millones de ejemplares en todo el mundo, su labor dista mucho de haber concluido. Quiero que una nueva generación de lectores asuma el poder del menos, se centre en lo que de verdad importa y recupere la esencia de una vida con intencionalidad y sentido. En un mundo que aboga por el más, este libro se erige como un contrarrelato desafiante que defiende la claridad liberadora que surge de elegir menos pero mejor.

La comunidad del Esencialismo crece año tras año. Hoy llega a más lectores que ayer, y ayer llegaba a más que anteayer. Han transcurrido diez años y nuestro viaje no ha hecho más que empezar.

Para mí, un libro es mucho más que papel y tinta. Un libro es un portal. Puede llevar al lector a lugares y épocas en los que nunca ha estado. Me pregunto adónde te llevará a ti *Esencialismo*.

1
El esencialista

> La sabiduría de la vida consiste en eliminar lo que no es esencial.
>
> LIN YUTANG

Sam Elliot* es un ejecutivo con talento de Silicon Valley que se encontró desbordado después de que la empresa donde trabajaba fuese adquirida por un negocio burocrático más grande.

Tenía la firme intención de ser un buen ciudadano en su nuevo papel, de modo que dijo que sí a muchas peticiones sin pensarlo demasiado. El resultado fue que se pasaba el día corriendo de una reunión a otra y atendiendo llamadas telefónicas intentando complacer a todo el mundo y llegar a todo. Su estrés crecía a medida que la calidad de su trabajo disminuía. Era como si se dedicara exclusivamente a actividades menores y, en consecuencia, su trabajo se volvió insatisfactorio para él y decepcionante para las personas a las que tanto se esforzaba por complacer.

Ante su frustración, la empresa le ofreció una jubilación anticipada. Pero hacía unos pocos años que Sam había cumplido los cincuenta; no tenía interés en jubilarse. Pensó en montar una empresa de consultoría

* El nombre se ha cambiado.

para hacer lo que ya estaba haciendo. Incluso pensó en ofrecer sus servicios como asesor a su antiguo empleador. Sin embargo, ninguna de estas opciones le parecía demasiado atractiva, de modo que fue a hablar con un mentor, que le dio un consejo sorprendente: «Quédate, pero haz lo que harías como asesor y nada más. Y no se lo digas a nadie». En otras palabras, su mentor le estaba aconsejando que hiciera las cosas que para él fueran esenciales y que ignorara todo lo demás que se le pidiera.

¡El ejecutivo siguió el consejo! Adquirió el compromiso diario de ir eliminando las complicaciones. Comenzó a decir que no.

Al principio hizo un ensayo. Evaluaba las solicitudes basándose en el tímido criterio: «¿En realidad puedo resolver esta solicitud considerando el tiempo y los recursos de que dispongo?». Si la respuesta era «no», las rechazaría. Le sorprendió gratamente descubrir que, si bien al principio las personas parecían un poco decepcionadas, respetaban su honestidad.

Motivado por estas pequeñas victorias, fue un poco más allá. Cuando le pidieran algo, haría una pausa y valoraría la petición conforme a un criterio más estricto: «¿Esto es lo más importante que debería estar haciendo con mi tiempo y mis recursos en este momento?».

Si no podía responder con un sí rotundo, rechazaría la petición. Y, una vez más, vio encantado que sus colegas, aunque de entrada se mostraban contrariados, pronto comenzaron a respetarlo más por su negativa.

Animado, empezó a aplicar este criterio a todo, no solo a las solicitudes directas. En el pasado siempre se ofrecía voluntario para presentaciones o tareas que surgían en el último minuto; ahora había encontrado una manera de no apuntarse para esas cosas. Antes solía ser uno de los primeros en apresurarse a responder a las cadenas de correos electrónicos, ahora se mantenía al margen y esperaba a que contestaran los demás. Decidió no participar en reuniones telefónicas que le resultaban interesantes unos pocos minutos. Dejó de asistir a la reunión semanal de recapitulación porque no necesitaba esa información, de ir a las juntas marcadas en su agenda si no tenía nada concreto que aportar. Me explicó: «El simple hecho de estar invitado no parecía una razón lo suficientemente importante para asistir».

Al principio se sentía un poco autocomplaciente. Pero siendo selectivo logró ganar espacio, y en ese espacio encontró libertad creativa. Podía concentrar sus esfuerzos en un solo proyecto. Podía planear a fondo. Podía anticipar los obstáculos y empezar a eliminarlos. En vez de acelerarse tratando de hacerlo todo, terminaba las cosas necesarias. Su nuevo compromiso de hacer solo las tareas verdaderamente importantes —y eliminar todo lo demás— restauró la calidad de su trabajo. En lugar de conseguir apenas un milímetro de progreso en un millón de direcciones, comenzó a impulsarse hacia la realización de lo que era vital de verdad.

Así siguió varios meses. De inmediato descubrió que no solo aprovechaba más su día en el trabajo, sino que por la tarde tenía más tiempo en casa. «¡Recuperé mi vida familiar! Puedo irme a casa a una hora decente», dijo. Ahora, en vez de ser un esclavo del teléfono, lo apaga. Va al gimnasio. Sale a comer con su esposa.

Asombrosamente, su experimento no tuvo repercusiones negativas. Su jefe no lo reprendió. Sus colegas no se molestaron con él. Al contrario, como se quedó solo con proyectos que le parecían importantes y que eran valiosos para la empresa, comenzaron a respetar y valorar su trabajo más que nunca. Su trabajo volvió a ser gratificante. El resultado de su evaluación de desempeño mejoró. ¡Terminó con una de las primas más grandes de su carrera!

En este ejemplo se encuentra la proposición básica del Esencialismo: solo cuando te das permiso para dejar de hacerlo todo y para dejar de decirle que sí a todo el mundo puedes hacer tu mayor aportación a las cosas que realmente importan.

¿Qué hay de ti? ¿Cuántas veces has lamentado haberte comprometido con algo y te has preguntado: «¿Por qué dije que sí?»? ¿Cada cuánto dices que sí solo para complacer? ¿O para evitar problemas? ¿O simplemente porque decir «sí» se ha convertido en tu respuesta por defecto?

Ahora déjame preguntarte lo siguiente: ¿alguna vez te has sentido sobrepasado?, ¿alguna vez has estado al mismo tiempo agobiado de trabajo e infrautilizado?, ¿alguna vez te has encontrado dedicado a actividades menores?, ¿alguna vez te has sentido ocupado sin ser productivo, como si estuvieras moviéndote siempre pero sin llegar a ninguna parte?

Si has respondido que sí a alguna de las preguntas anteriores, la salida es el camino del esencialista.

El camino del esencialista

Dieter Rams fue el diseñador principal de Braun durante muchos años. A él lo guía la idea de que casi todo es ruido. Cree que muy pocas cosas son esenciales. Su trabajo consiste en filtrar ese ruido hasta obtener la esencia. Por ejemplo, cuando era un joven de veinticuatro años, en la empresa le pidieron que colaborara en el diseño de un tocadiscos. En esa época, la norma era cubrir el plato con una tapa de madera o incluso incrustar el tocadiscos en un mueble para el salón. Sin embargo, él y su equipo eliminaron lo innecesario y diseñaron un aparato con una cubierta de plástico transparente en la parte superior y nada más. Era la primera vez que se hacía un diseño así, y era tan revolucionario que a la gente le preocupaba que llevara a la empresa a la bancarrota si nadie quería comprar el tocadiscos. Se necesitó valor, como siempre sucede, para eliminar lo que no es esencial. En la década de los sesenta, esta estética comenzó a tomar empuje. Con el tiempo se convirtió en la que seguía cualquier otro tocadiscos.

Los criterios con que diseñaba Dieter se pueden resumir en un principio que se caracteriza por su sencillez, expresado en alemán en tres palabras: *Weniger aber besser*. La traducción es: «Menos pero mejor». Sería difícil encontrar una definición más adecuada del Esencialismo.

El camino del esencialista es la búsqueda incansable de ese menos pero mejor. No significa aplicar de vez en cuando el principio. Significa buscarlo de manera disciplinada.

El camino del esencialista no consiste en hacerse el propósito en Año Nuevo de decir «no» con más frecuencia, ni de limpiar la bandeja de entrada, ni de dominar alguna nueva estrategia de la gestión del tiempo. Consiste en hacer una pausa constantemente para preguntarse: «¿Estoy invirtiendo en las actividades adecuadas?». En el mundo son muchas más las actividades y oportunidades que el tiempo y los recursos con que contamos para invertir en ellas. Y aunque muchas son buenas o incluso muy buenas, el hecho es que la mayoría son triviales y muy pocas son vitales. El camino del esencialista implica aprender a diferenciarlas, aprender a filtrar las opciones y seleccionar las que son esenciales.

El Esencialismo no consiste en hacer más cosas; consiste en hacer las cosas adecuadas. Tampoco significa hacer menos por el simple hecho de hacer menos. Consiste en invertir de la manera más inteligente posible el tiempo y la energía para rendir al máximo haciendo solo lo esencial.

La diferencia entre el camino del esencialista y el camino del no esencialista se ve en la figura de la página siguiente. En ambas imágenes se realiza la misma cantidad de esfuerzo. En la de la izquierda, la energía está dividida en muchas actividades diferentes. El resultado es que tenemos la insatisfactoria sensación de progresar un milímetro en un millón de direcciones. En la imagen de la derecha, la energía se invierte

Energía
Energía

en menos actividades. El resultado es que, al invertir en menos cosas, nos satisface ver que hacemos progresos significativos en las cosas que más importan. El camino del esencialista rechaza la idea de que podemos ocuparnos de todo y, en cambio, nos pide que nos enfrentemos a verdaderas disyuntivas y que tomemos decisiones difíciles. En muchos casos podemos aprender a tomar decisiones únicas que generarán miles de decisiones futuras sin agotarnos al hacernos las mismas preguntas una y otra vez.

El camino del esencialista significa vivir con intención, no por defecto. En vez de tomar decisiones como reacción, el esencialista distingue deliberadamente las pocas cosas vitales de las muchas triviales, elimina lo que no es esencial y luego quita los obstáculos para que las cosas esenciales fluyan de manera clara y ágil. En otras palabras, el Esencialismo es un enfoque disciplinado y sistemático para determinar en qué cosas podemos rendir al máximo y luego ejecutar estas cosas casi sin esfuerzo.

El modelo

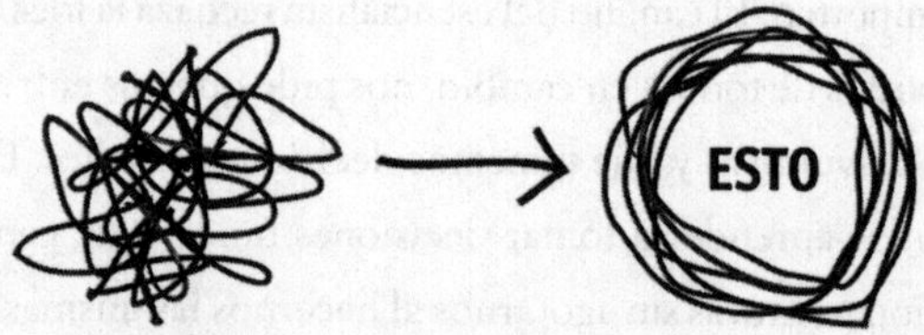

	No esencialista	Esencialista
Piensa	**TODAS LAS COSAS PARA TODO EL MUNDO** «Tengo que hacerlo». «Todo es importante». «¿Cómo puedo hacerlo todo?».	**MENOS PERO MEJOR** «Yo elijo hacerlo». «Hay pocas cosas que importen realmente». «¿Qué puedo sacrificar?».
Hace	**LA BÚSQUEDA NO DISCIPLINADA DE MÁS** Reacciona a lo que ejerce mayor presión. Dice que sí a las personas sin pensarlo bien. Intenta forzar la ejecución en el último momento.	**LA BÚSQUEDA DISCIPLINADA DE MENOS** Hace una pausa para discernir lo que de verdad importa. Dice que no a todo, excepto a lo esencial. Elimina los obstáculos para facilitar la ejecución.
Obtiene	**VIVE UNA VIDA QUE NO LE SATISFACE** Asume demasiadas tareas y el trabajo se ve afectado. Se siente fuera de control. No está seguro de si se hicieron las cosas adecuadas. Se siente abrumado y exhausto.	**VIVE UNA VIDA PLENA** Elige con cuidado para hacer un gran trabajo. Está seguro de tener el control. Hace las cosas adecuadas. Experimenta alegría en el viaje.

El camino del esencialista nos lleva a tener el control de nuestras propias elecciones; a lograr más éxito y sentido; es el que se recorre disfrutando del viaje, no solo para llegar al destino. Sin embargo, a pesar de todos estos beneficios, hay demasiadas fuerzas que conspiran para impedir que apliquemos la búsqueda disciplinada de menos pero mejor, lo cual puede explicar por qué tanta gente termina en el camino mal orientado del no esencialista.

El camino del no esencialista

Un luminoso día de invierno en California fui a visitar a mi esposa, Anna, al hospital. Incluso en el hospital, Anna estaba radiante, pero yo sabía que se sentía exhausta. Era el día después de que naciera nuestra preciosa hija, una bebé saludable y feliz que pesó tres kilos y trescientos gramos.[1]

No obstante, el que debió haber sido uno de los días más felices y serenos de mi vida, en realidad estuvo lleno de tensión. Mientras mi preciosa bebé recién nacida dormía en los cansados brazos de mi esposa, yo atendía llamadas de teléfono y correos electrónicos del trabajo y sentía la presión de asistir a una reunión con unos clientes. Mi compañero me había escrito: «El viernes entre la una y las dos sería un mal momento para tener un bebé porque necesito que vengas a la reunión con X». Era viernes y, aunque estaba bastante seguro (o al menos eso esperaba) de que el correo electrónico era una broma, me sentía obligado a ir.

Instintivamente sabía qué hacer. A todas luces era un momento en el que tenía que estar con mi esposa y mi hija recién nacida. Pero cuando me preguntaron si planeaba asistir a la reunión, dije, con toda la convicción que pude, que sí.

Fue una vergüenza, pero mientras mi esposa estaba en el hospital con nuestra bebé, de apenas unas horas, me fui a una reunión. Después, mi compañero dijo: «El cliente te respetará por haber tomado la decisión de estar aquí». Sin embargo, la mirada de los clientes no evidenciaba respeto, sino que reflejaba cómo me sentía yo. ¿Qué estaba haciendo ahí? Había dicho que sí solo para complacer y con ello había lastimado a mi familia, mi integridad e incluso la relación con el cliente.

Resultó que no salió nada de la reunión con el cliente. Y aunque hubiera salido algo, con toda seguridad habría hecho un negocio de tontos. Queriendo hacer feliz a todo el mundo, había sacrificado lo que más importaba.

Al reflexionar descubrí esta importante lección:

Si no estableces tú las prioridades de tu vida, lo hará otra persona.

Esa experiencia renovó mi interés —léase obsesión interminable— por entender por qué hay personas inteligentes que toman las decisiones que toman en su vida personal y profesional. Me preguntaba: «¿A qué se debe que a menudo solo utilicemos una pequeña parte de la habilidad que poseemos?». Y: «¿Cómo podemos tomar las decisiones que nos permitan aprovechar mejor el potencial que tenemos y que tiene la demás gente?».

Mi misión de aclarar estas preguntas me había llevado a dejar la facultad de Derecho en Inglaterra y a viajar a California para hacer mi trabajo de licenciatura en Stanford. Me había pasado más de dos años colaborando en un libro, *Multiplicadores. Cómo potenciar la inteligencia de tu equipo*. Este proyecto me inspiró para crear una empresa de estrategia y liderazgo en Silicon Valley, donde ahora trabajo con algunas de las personas con más talento de las compañías más interesantes del mundo, ayudándoles en el camino del Esencialismo.

En mi trabajo he visto a personas de todo el mundo que se sienten consumidas y abrumadas por las presiones que las rodean. He asesorado a profesionales «exitosos» en el proceso de enfrentar el dolor silencioso de intentar desesperadamente hacerlo todo y hacerlo a la perfección y en este preciso momento. He visto personas atrapadas por jefes controladores, que no eran conscientes de que no «tienen que» hacer todo el trabajo pesado que les piden sin ningún agradecimiento. Y me he esforzado sin cesar por entender por qué tantos individuos brillantes, inteligentes y con talento permanecen atrapados en las garras mortales de lo no esencial. Lo que descubrí me sorprendió.

Colaboré con un ejecutivo particularmente motivado que empezó a dedicarse a la tecnología de muy joven y le encantó. Sus conocimientos y su pasión fueron recompensados de inmediato con cada vez más oportunidades. Ansioso por apuntalar su carrera, siguió leyendo lo más posible y haciendo cuanto estaba en sus manos con alegría y entusiasmo. Cuando lo conocí era hiperactivo, trataba de aprenderlo todo y hacerlo todo. Parecía que encontraba una nueva obsesión cada día, a veces cada hora. Y en el proceso perdió la habilidad para distinguir las pocas cosas que son vitales de las muchas triviales. Todo era importante. Como resultado, estaba cada vez más al límite. Hacía progresos de un milímetro en un millón de direcciones. Estaba sobrecargado e infrautilizado. Fue entonces cuando le dibujé la imagen que se encuentra en la página 22.

La contempló durante un buen rato en un silencio poco común. Luego, con emoción, dijo: «¡Esta es la historia de mi vida!». Después dibujé una imagen a la derecha. «¿Qué pasaría si pudiéramos descubrir lo que puedes hacer para alcanzar el mayor rendimiento posible?», le pregunté. Con gran sinceridad, respondió: «Esta es la cuestión».

Muchas personas inteligentes y ambiciosas tienen razones perfectamente legítimas para que les cueste responder esta pregunta. Una de las razones es que en nuestra sociedad nos castigan por un buen comportamiento (decir que no) y nos recompensan por un mal comportamiento (decir que sí). El primero a menudo es incómodo en el momento, y el segundo con frecuencia es celebrado de inmediato. Esto conduce a lo que yo llamo «la paradoja del éxito»,[2] la cual se puede resumir en cuatro fases predecibles:

FASE 1: Cuando tenemos un propósito claro podemos realizar nuestra tarea con éxito.

FASE 2: Cuando tenemos éxito, nos ganamos la reputación de ser alguien a quien acudir. Nos convertimos en «el buen [di tu nombre]», que siempre está ahí cuando lo necesitas, lo cual hace que se nos presenten cada vez más opciones y oportunidades.

FASE 3: Cuando tenemos cada vez más opciones y oportunidades, lo cual de hecho nos exige más tiempo y energías, se diluyen nuestros esfuerzos. La dispersión aumenta.

FASE 4: Nos distraemos de lo que sería nuestro mejor rendimiento. El efecto de nuestro éxito ha sido consumir la claridad misma que generó nuestro primer éxito.

Curiosamente, y exagerando el punto para poder dejarlo claro, la búsqueda de éxito puede ser un catalizador de fracaso. Dicho de otro modo, el éxito nos puede distraer de centrarnos en las cosas esenciales que nos llevan al éxito en primer lugar.

Podemos verlo en todas partes a nuestro alrededor. En su libro *Cómo caen los poderosos*, Jim Collins investiga qué salió mal en empresas que al principio triunfaron en Wall Street y luego colapsaron.[3] Collins descubrió que la «búsqueda indisciplinada de más» fue una de las claves del fracaso de muchas de ellas. Esto es así para las empresas y para las personas que trabajan en ellas. Pero ¿por qué?

¿Por qué el no esencialismo está en todas partes?

Ha habido una combinación de muchas tendencias que ha creado la tormenta no esencialista perfecta. Fíjate en las siguientes:

DEMASIADAS OPCIONES

Todos hemos observado el incremento exponencial de opciones que ha habido en la última década. No obstante, en medio de dicho incremento, o quizá debido a él, hemos perdido de vista las más importantes.

Peter Drucker señala:

> En unos cientos de años, cuando la historia de nuestra época se escriba con la perspectiva del tiempo, es probable que lo que los historiadores más importantes vean no sea la tecnología, ni internet, ni el comercio en línea, sino un cambio sin precedentes en la condición humana. Por primera vez, literalmente, un número de personas que va en aumento de manera rápida y sustancial toma decisiones. Por primera vez tienen que manejarse a sí mismas. Y la sociedad no está en absoluto preparada para hacerlo.[4]

LA BÚSQUEDA INDISCIPLINADA DE MÁS

No estamos preparados, en parte, porque por primera vez el predominio del hecho de poder elegir ha abrumado nuestra habilidad para hacerlo. Hemos perdido la capacidad de distinguir lo importante de lo que no lo es. Los psicólogos lo denominan «fatiga frente a las decisiones»: cuantas más opciones nos vemos obligados a tener en cuenta, más se deteriora la calidad de nuestras decisiones.[5]

DEMASIADA PRESIÓN SOCIAL

No solo ha aumentado de manera exponencial el número de opciones, sino también la fuerza y las influencias externas sobre nuestras decisiones. Se ha dicho y se ha escrito mucho sobre lo hiperconectados que estamos ahora y lo mucho que nos distrae la sobrecarga de información, pero el mayor problema es de qué manera el hecho de estar conectados ha aumentado la fuerza de la presión social. Hoy en día, la tecnología facilita que todo el mundo pueda dar su opinión sobre en qué deberíamos centrarnos. No es solo sobrecarga de información; es sobrecarga de opinión.

LA IDEA DE QUE «PUEDES TENERLO TODO»

La idea de que podemos tenerlo todo y hacerlo todo no es nueva. Este mito se ha extendido desde hace tanto tiempo que me parece que nos ha infectado a prácticamente todos los que estamos vivos. Lo venden en la publicidad. Lo premian en las empresas. Está arraigado en las descripciones de puestos de trabajo que consisten en largas listas de las habilidades básicas y la experiencia requeridas. Está arraigado en las solicitudes para entrar en la universidad, que requieren decenas de actividades extracurriculares.

Lo que sí es nuevo es lo especialmente dañino que resulta este mito hoy en día, en una época en que las opciones y las expectativas se han incrementado de manera exponencial. El resultado es gente estresada tratando de incrustar aún más actividades en su ya de por sí sobresaturada vida. Esto genera entornos corporativos en los que se habla del equilibrio entre la vida y el trabajo, esperando que los empleados estén disponibles en el móvil las 24 horas del día, 365 días al año. Y conduce a reuniones en las que se pueden llegar a discutir diez «prioridades principales», sin ningún sentido de la ironía.

La palabra *priority* («prioridad») se incorporó al inglés en el siglo XV. Era un término en singular. Significaba lo primero o lo previo. Se mantuvo en singular durante los siguientes quinientos años. No se comenzó a hablar de prioridades, en plural, hasta el siglo XIX. Sin ninguna lógica, pensamos que al cambiar la palabra podíamos modificar la realidad. Seríamos capaces de multiplicar las cosas que son «lo primero». Tanto las personas como las empresas intentan hacer precisamente eso en el día a día. Un directivo me contó su experiencia en una empresa que hablaba de «Pri-1, Pri-2, Pri-3, Pri-4 y Pri-5». Eso daba la impresión de que había muchas cosas que eran prioritarias, cuando en realidad nada lo era.

Sin embargo, en cuanto tratamos de hacerlo todo y tenerlo todo, nos encontramos sacrificando cosas en los márgenes, algo que nunca habría formado parte de nuestra estrategia intencional. Si no elegimos decidida y deliberadamente en qué concentrar nuestras energías y nuestro tiempo, lo harán otras personas (jefes, colegas, clientes e incluso la familia), y en poco tiempo habremos perdido de vista lo que es significativo e importante. Podemos elegir con los cinco sentidos o bien permitir que los objetivos de otras personas controlen nuestra vida.

Bronnie Ware, una enfermera australiana cuyos pacientes eran personas en las doce últimas semanas de vida, una vez registró las cosas de las que estos más se arrepentían. Al principio de la lista escribió: «Desearía haber tenido el valor de haber vivido una vida fiel a mí misma, no la vida que otros esperaban que viviera».[6]

Esto requiere no solo decir que no al azar, sino eliminar de manera decidida, deliberada y estratégica lo que no es esencial y deshacerse de las cosas que obviamente son un desperdicio de tiempo, pero también de algunas buenas oportunidades.[7] En lugar de reaccionar ante las presiones sociales obligándote a ir en un millón de direcciones, aprenderás el modo de reducir, simplificar y concentrarte en lo que resulta esencial eliminando todo lo demás.

Piensa en lo que este libro le está haciendo a tu vida y a tu carrera como en lo que un organizador profesional haría con tu armario. Imagina cómo quedaría tu armario si nunca lo organizaras. ¿Se mantendría limpio y ordenado solo colgando esas prendas que te encanta ponerte? Por supuesto que no. Cuando no haces un esfuerzo consciente por mantenerlo organizado, el armario se desordena y se llena de ropa que rara vez usas. Termina tan fuera de control que intentas limpiarlo. Pero a menos que tengas un sistema disciplinado, acabarás con tanta ropa como con la que empezaste porque no te decides a la hora de descartarla, y te reprocharás haber regalado ropa que sí usas y que querías conservar o terminarás con un montón de ropa que no deseas, pero de la que nunca te vas a deshacer porque no sabes a dónde llevarla o qué hacer con ella.

Del mismo modo que nuestro armario se desordena a medida que se va amontonando la ropa que nunca usamos, en nuestra vida también se aglomeran compromisos bienintencionados y actividades que permitimos que se acumulen. La mayor parte de estos esfuerzos no vienen con fecha de caducidad. A menos que tengamos un sistema para limpiarlos, una vez adoptados, viven para siempre.

La manera en que un esencialista se encargaría de su armario es la siguiente:

1. EXPLORA Y EVALÚA

En lugar de preguntar: «¿Me pondré esto alguna vez?», debes hacer preguntas más disciplinadas, más estrictas: «¿Esto me encanta?», «¿Me veo genial cuando me lo pongo?» y «¿Llevo esto con frecuencia?». Si la respuesta es no, la prenda es una candidata a ser eliminada.

En tu vida personal o profesional, el equivalente a preguntarte qué ropa te gusta es: «¿Esta actividad o este esfuerzo contribuirá al máximo a la consecución de mis metas?». La primera parte de este libro te ayudará a descubrir cuáles son esas actividades.

2. ELIMINA

Supongamos que tienes la ropa dividida en los siguientes montones: «debo conservarlo» y «probablemente debería deshacerme de esto». Sin embargo, ¿estás listo de verdad para poner en una bolsa la ropa del montón etiquetado como «probablemente debería deshacerme de esto» y tirarla? Después de todo, aún nos parece que hay costos ocultos: algunos estudios han demostrado que las cosas que ya tenemos las valoramos por encima de lo que valen en realidad y, por tanto, es más difícil deshacernos de ellas. Si aún no estás en ese punto, hazte la implacable pregunta: «Si no tuviera esto, ¿cuánto pagaría por comprarlo?». Por lo general, esto funciona. En otras palabras, no es suficiente determinar qué actividades y tareas no son efectivas; tienes que eliminarlas activamente. La parte dos de este libro te mostrará cómo eliminar lo que no es esencial, y no solo eso: te enseñará a hacerlo de una forma que te permitirá ganarte el respeto de colegas, jefes, clientes y amigos.

3. EJECUTA

Si quieres que tu armario esté ordenado, necesitas rutinas para organizarlo. Te hace falta una bolsa grande de objetos eliminables y un montón muy pequeño de cosas que quieres conservar. Debes saber dónde está el punto limpio de tu localidad y qué horarios tiene, y luego reservar un momento para llevar las cosas.

En otras palabras, una vez que has descubierto qué actividades y tareas debes mantener —las que contribuyen a tu rendimiento más alto— precisas un sistema para ejecutar tus intenciones y que te cueste lo menos posible. En este libro aprenderás a crear un proceso que permita hacer las cosas esenciales con el menor esfuerzo posible.

Por supuesto, nuestra vida no es estática como la ropa que tenemos en el armario. La ropa se queda donde está una vez que la dejamos por la mañana (¡a menos que tengamos hijos adolescentes!). Pero en el armario de nuestra vida, la ropa nueva —nuevas exigencias sobre nuestro tiempo— llega constantemente. Imagina que cada vez que abrieras la puerta del armario descubrieras que la gente ha estado metiendo ahí su ropa, como si lo limpiaras todos los días por la mañana y después, por la tarde, descubrieras que está desbordado de cosas. Por desgracia, la mayor parte de nuestra vida es así. ¿Cuántas veces has empezado tu jornada laboral con un horario y, luego, a las diez de la mañana, ya estás retrasado con respecto a lo que tenías programado? ¿O cuántas veces por la mañana has escrito una lista de cosas por hacer y a las cinco de la tarde te has dado cuenta de que la lista es aún más larga? ¿Cuántas veces has esperado pasar un fin de semana tranquilo en casa con la familia y el sábado a primera hora has descubierto que estás inundado de encargos, citas para que tus hijos jueguen con sus amigos y calamidades imprevistas? Sin embargo, afortunadamente existe una salida.

El Esencialismo consiste en crear un sistema para manejar el armario de nuestra vida. No es un proceso que lleves a cabo una vez al año, ni una vez al mes, ni siquiera una vez a la semana, como organizar el armario. Es una disciplina que aplicas en todas y cada una de las ocasiones en que debes tomar una decisión sobre decir que sí o declinar con amabilidad. Es un método para saber cómo prescindir de muchas cosas buenas a fin de lograr unas pocas cosas verdaderamente geniales. Consiste en aprender cómo hacer menos pero mejor, de manera que consigas la mayor ganancia posible en cada momento preciado de tu vida.

Este libro te mostrará cómo vivir una vida fiel a ti mismo, no la vida que los demás esperan que vivas. Te enseñará un método para ser más eficiente, productivo y efectivo tanto en el ámbito personal como en el profesional. Te enseñará una forma sistemática de discernir lo importante, eliminar lo que no lo es y lograr que hacer lo esencial represente el menor esfuerzo posible. En resumen, te enseñará cómo aplicar la búsqueda disciplinada de menos en todas las áreas de tu vida. La manera de hacerlo es la siguiente:

Mapa

El libro está dividido en cuatro partes. La primera aborda la mentalidad básica de un esencialista. Las siguientes tres convierten esa mentalidad en un proceso sistemático para la búsqueda disciplinada de menos, un sistema que puedas usar en cualquier situación o tarea a la que te enfrentes. A continuación tienes una descripción de cada una de las partes del libro:

DEFINE LO ESENCIAL:

¿CUÁL ES LA MENTALIDAD BÁSICA DE UN ESENCIALISTA?

Esta parte del libro plantea las tres realidades sin las cuales la manera de pensar del Esencialismo no sería relevante ni posible. Hay un capítulo dedicado a cada una de ellas:

1. *Elección individual. Podemos elegir cómo invertir nuestra energía y nuestro tiempo.* Si queremos prescindir de ciertas cosas es fundamental que tengamos la capacidad de elegir.

2. *El predominio del ruido. Casi todo es ruido y muy pocas cosas son excepcionalmente valiosas.* Esta es la justificación para dedicar tiempo a descubrir lo que es importante. Como algunas cosas son mucho más importantes, el esfuerzo de descubrir cuáles son vale la pena.

3. *Hay que sacrificar ciertas cosas. No podemos tenerlo todo ni hacerlo todo.* Si pudiéramos, no habría razón para evaluar o eliminar opciones. Una vez que aceptamos la realidad de que es necesario hacer concesiones, dejamos de preguntarnos «¿Cómo puedo lograr que todo funcione?» y comenzamos a hacernos una pregunta más realista: «¿Qué problema quiero resolver?».

Cuando entendemos estas realidades podemos comenzar a pensar como esencialistas. De hecho, una vez que las aceptamos y las comprendemos bien, la mayor parte del método de las siguientes secciones del libro se vuelve natural e instintivo. Dicho método consiste en los siguientes tres pasos.

PASO 1. EXPLORA

DISTINGUE LAS MUCHAS COSAS TRIVIALES DE LAS POCAS VITALES

Una paradoja del Esencialismo es que los esencialistas en realidad exploran más opciones que los no esencialistas. Mientras que los no esencialistas se comprometen con todo, o prácticamente con todo, sin explorar, los esencialistas exploran y evalúan de manera sistemática una amplia gama de opciones antes de comprometerse con ninguna. Como se van a comprometer «en grande» con una o dos ideas o actividades, de manera deliberada, exploran más opciones para asegurarse de que eligen la adecuada.

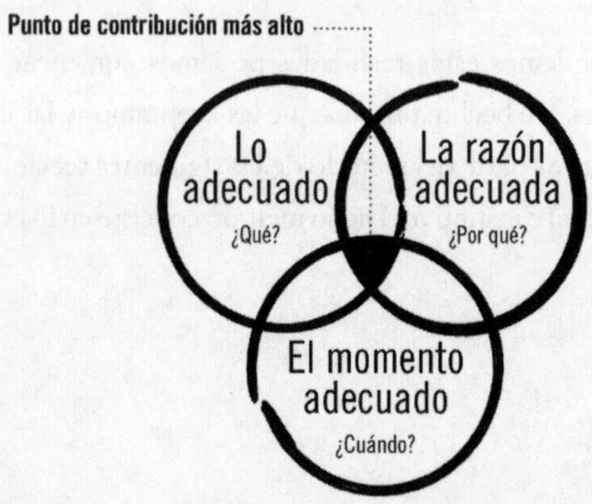

Al aplicar criterios más estrictos podemos aprovechar el sofisticado motor de búsqueda de nuestro cerebro.[8] Si buscamos «Una buena oportunidad», encontraremos muchas páginas en las que pensar y que revisar. En cambio, podemos realizar una búsqueda avanzada y hacer tres preguntas: «¿Qué me inspira profundamente?», «¿Para qué tengo un talento especial?» y «¿Qué cumple con una necesidad significativa en el mundo?». Por supuesto, no habrá tantas páginas que revisar, pero ese es el quid del ejercicio. No estamos buscando miles de cosas que hacer. Estamos buscando nuestro rendimiento máximo: lo adecuado, de la manera adecuada y en el momento adecuado.

Los esencialistas pasan el mayor tiempo posible explorando, escuchando, debatiendo, cuestionando y pensando. Sin embargo, su exploración, en sí misma, no es un fin. El objetivo de la exploración es distinguir las pocas cosas vitales de las muchas triviales.

PASO 2. ELIMINA
DEJA DE LADO LAS MUCHAS COSAS TRIVIALES

A menudo decimos que sí a cosas porque estamos ávidos de complacer y ser indispensables. No obstante, la clave para hacer nuestra mayor aportación podría ser decir que no. Como dice Peter Drucker, «Las personas son efectivas porque dicen "no", porque dicen "esto no es para mí"».[9]

Eliminar las cosas que no son esenciales significa decirle que no a alguien. Con frecuencia. Significa ir en contra de las expectativas sociales. Hacerlo bien requiere valor y compasión. Así es que eliminar lo que no es esencial no solo implica disciplina mental, sino también la disciplina emocional necesaria para decir que no a la presión social. En esta sección del libro hablaremos de esa complicada dinámica.

Es necesario sacrificar algo, no podemos elegir hacerlo todo. La verdadera pregunta no es cómo podemos hacerlo todo, sino quién puede elegir lo que hacemos y lo que no. Recuerda que cuando renunciamos a nuestro derecho a elegir, alguien elegirá por nosotros. Por tanto, podemos elegir deliberadamente lo que no queremos hacer o podemos permitir que nos empujen en direcciones en las que no queremos ir.

Esta sección ofrece un método para eliminar lo que no es esencial, lo cual nos permitirá ganar el tiempo necesario para lograr lo que sí es esencial. Entonces podremos construir una plataforma para actuar con el menor esfuerzo posible, que es el tema del paso 3.

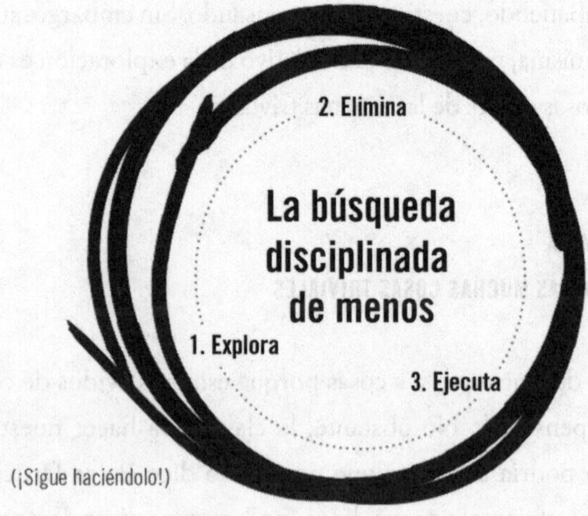

PASO 3. EJECUTA
ELIMINA OBSTÁCULOS Y HAZ QUE LA EJECUCIÓN NO IMPLIQUE ESFUERZO

Tanto si nuestra meta consiste en terminar un proyecto del trabajo como si es dar el siguiente paso en nuestra carrera u organizar una fiesta de cumpleaños para nuestro cónyuge, solemos pensar en el proceso de ejecución como algo difícil y lleno de fricción, algo que debemos forzar para «hacer que suceda». Sin embargo, el enfoque esencialista es distinto. En vez de forzar la ejecución, los esencialistas invierten el tiempo que han ahorrado en crear un sistema para eliminar los obstáculos y hacer que la ejecución sea lo más fácil posible.

Estos tres pasos —explorar, eliminar y ejecutar— no son eventos separados, sino más bien un proceso cíclico. Y cuando los aplicamos con constancia somos capaces de cosechar mayores beneficios.

Una idea a la que le ha llegado la hora

Como dice una frase atribuida a Victor Hugo, el novelista y dramaturgo francés, «No hay nada más poderoso que una idea a la que le ha llegado la hora». «Menos pero mejor» es un principio al que le ha llegado la hora.

Todo cambia cuando nos damos permiso de ser más selectivos respecto a lo que decidimos hacer. De repente tenemos la llave para abrir el siguiente éxito de nuestra vida. Nos da una enorme libertad saber que podemos eliminar lo que no es esencial, que ya no nos controlan los planes de otras personas y que podemos elegir. Ese invencible poder nos permitirá descubrir nuestro punto de máximo rendimiento, no solo para nuestra vida o nuestra carrera, sino para el mundo.

¿Qué pasaría si las escuelas eliminaran las tareas engorrosas y las reemplazaran por proyectos importantes que beneficiaran a toda la comunidad? ¿Qué pasaría si los estudiantes tuvieran tiempo de pensar en cuál es la mejor forma de encarar su futuro, de modo que al salir del instituto no empezaran la carrera hacia ninguna parte?[10]

¿Qué pasaría si los negocios eliminaran las reuniones inútiles y las sustituyeran por un espacio en que las personas pudieran pensar y trabajar en sus proyectos más importantes? ¿Qué pasaría si los empleados se rebelaran contra las cadenas de correos electrónicos que son una pérdida de tiempo, los proyectos sin ningún sentido y las reuniones improductivas, de modo que pudieran rendir al máximo para las empresas en las que trabajan y para sus carreras?

¿Qué pasaría si la sociedad dejara de decirnos que debemos comprar más cosas y en cambio nos permitiera crear más espacio para respirar y para pensar? ¿Qué pasaría si la sociedad nos animara a rechazar lo que se ha definido con toda precisión como hacer cosas que detestamos y comprar cosas que no necesitamos, con dinero que no tenemos, para impresionar a gente que no nos cae bien?[11]

¿Qué pasaría si dejaran de vendernos todo el rato el valor de tener más y de no vendernos nunca el valor de tener menos?

¿Qué pasaría si dejáramos de celebrar estar ocupados como si fuera una forma de medir la importancia? ¿Qué pasaría si, en cambio, celebráramos el tiempo que hemos pasado escuchando, reflexionando, meditando y disfrutando con las personas a las que más queremos?

¿Qué pasaría si el mundo entero cambiara la búsqueda indisciplinada de más por la búsqueda disciplinada de menos pero mejor?

Sueño con que las personas de todo el mundo tienen el valor de vivir una vida fiel a sí mismas en vez de vivir la vida que quieren los demás.

Sueño con que todo el mundo —niños, estudiantes, madres, padres, empleados, gerentes, ejecutivos, líderes mundiales— aprende a sacarle más provecho a su inteligencia, su capacidad, sus recursos y su iniciativa para vivir una vida más plena. Sueño con que todas esas personas hacen con valentía lo que vinieron a hacer a este mundo.

Como la poeta Mary Oliver escribió, «Dime, ¿qué es lo que planeas hacer con tu única, libre y preciosa vida?».[12]

Te desafío a que te pares más a menudo a hacerte esa pregunta.

Te desafío aquí y ahora a que te comprometas a dejar un espacio para disfrutar lo esencial. ¿Crees por un segundo que lamentarás esa decisión? ¿Es probable que te despiertes un día y digas «Desearía haber sido menos fiel a mí mismo y haber hecho todas esas cosas no esenciales que otras personas esperaban de mí»?

Te desafío a que me dejes ayudarte a crear un sistema que «sin ninguna injusticia» incline la balanza a favor de las pocas cosas esenciales por encima de las muchas triviales.

Te desafío a que inviertas en ser más esencialista. Este libro no trata de regresar a un tiempo más simple. Ni de evitar los correos electrónicos, ni desconectarte de internet, ni de vivir como un ermitaño. Esto sería un movimiento de retroceso. Trata de cómo aplicar el principio de «menos pero mejor» a la manera en que vivimos nuestra vida ahora y en el futuro. Esto es innovación.

Así que el desafío que te propongo es que seas más inteligente de lo que fui yo el día que nació mi hija. Tengo mucha confianza en todo lo bueno que puede salir de esa decisión. Solo imagina lo que le sucedería a nuestro mundo si todas las personas del planeta eliminaran una actividad buena pero no esencial y la reemplazaran por algo esencial de verdad.

En unos años (espero que muchos), cuando estés al final de tu vida, puede que aún te arrepientas de algunas cosas, pero es probable que buscar el camino del esencialista no sea una de ellas. ¿Qué darías entonces por estar de nuevo en este punto, ante la oportunidad —esta oportunidad— de ser fiel a ti mismo? Ese día, ¿qué esperarías haber decidido hacer hoy?

Si estás listo para buscar dentro de ti la respuesta a esta pregunta, es que estás listo para tomar el camino del Esencialismo. Vamos a emprenderlo juntos.

PRIMERA PARTE

Define lo esencial

¿Cuál es la mentalidad básica de un esencialista?

Define lo esencial

¿Cuál es la mentalidad básica del esencialista?

El Esencialismo no es una forma de hacer una cosa más: es una forma distinta de hacerlo todo. Es una forma de pensar. Sin embargo, interiorizar esta forma de pensar no es un desafío neutro. Esto se debe a que ciertas ideas —y las personas que propagan estas ideas— constantemente nos empujan hacia la lógica del no esencialismo. Esta parte del libro tiene tres capítulos. Cada uno aborda una falacia del no esencialismo y la reemplaza por una verdad del Esencialismo.

Existen tres afirmaciones profundamente arraigadas que debemos desterrar para vivir el camino del esencialista: «Tengo que», «Todo es importante» y «Puedo hacer las dos cosas». A la manera de sirenas mitológicas, estas afirmaciones son tan peligrosas como seductoras. Nos atraen y nos llevan a ahogarnos en aguas poco profundas.

Para integrar en nuestra vida lo fundamental del Esencialismo tenemos que reemplazar esas afirmaciones espurias por tres verdades básicas: «Tengo elección», «Solo hay unas pocas cosas que importan de verdad» y «Puedo hacer cualquier cosa, pero no puedo hacerlo todo». Esas simples verdades nos sacan del aturdimiento al que nos induce el no esencialismo. Nos liberan para buscar lo que en realidad importa. Nos permiten vivir en nuestro nivel de máximo rendimiento.

A medida que nos deshacemos del sinsentido del no esencialismo y lo reemplazamos con la lógica fundamental del Esencialismo, el camino del esencialista se vuelve natural e instintivo.

2

Elige

El poder invencible de la elección

> Lo que nos hace humanos es nuestra capacidad de elegir.
>
> MADELEINE L'ENGLE

Con los ojos muy abiertos, contemplaba el pedazo de papel que tenía en las manos. Estaba sentado en el vestíbulo de un alto edificio de oficinas. Anochecía, y las últimas personas se iban marchando. El pedazo de papel, cubierto con palabras y flechas garabateadas, era el resultado de una espontánea lluvia de ideas de veinte minutos sobre lo que quería estar haciendo con mi vida en ese momento. Al contemplar el papel, lo que más me impresionó fue lo que no estaba; la facultad de Derecho no estaba en la lista. Esto me llamó la atención porque estudiaba el primer curso de Derecho en Inglaterra.

Me había matriculado en Derecho siguiendo varios consejos de que debía «mantener abiertas mis opciones». Cuando saliera podría ejercer como abogado. Podría escribir sobre derecho. Podría dar clases de derecho o podría ofrecer asesoría legal. El mundo estaría a mis pies, o por lo menos ese era el argumento. No obstante, desde casi el primer momento, en cuanto empecé a estudiar la carrera, en lugar de elegir entre esas alternativas, simplemente traté de abarcarlas todas. Planeaba estudiar los libros de derecho por la mañana y leer a los grandes pensadores del ámbito de la administración por la tarde. En mi tiempo libre quería escribir. Era una típica «estrategia mixta» para invertir en todo al mismo tiempo. El resultado fue, sin llegar a fallar por completo en ninguna de las alternativas, no alcanzar el éxito total en ninguna. Pronto comencé a preguntarme qué tenía de maravilloso plantarme ante tantas opciones abiertas.

En mitad de mi confusión existencial, recibí la llamada de un amigo de Estados Unidos que me invitaba a su boda. ¡Ya había comprado y enviado los billetes! Así que acepté con gusto su invitación y me fui de Inglaterra con rumbo a una aventura inesperada.

En Estados Unidos aproveché todas las oportunidades posibles de reunirme con maestros y escritores. Una de esas reuniones fue con un ejecutivo de un grupo educativo sin ánimo de lucro. Cuando ya salía de su oficina, dijo como de paso: «Si decides quedarte en Estados Unidos, deberías entrar en nuestro comité de asesores».

Ese comentario que hizo al aire tuvo una fuerza curiosa. No era por la propuesta específica. Era porque había asumido que yo tenía opción: «Si decides quedarte…». Lo veía como una opción real. Eso me hizo pensar.

Me fui de su oficina y tomé el ascensor para bajar. Cogí una hoja de papel de un escritorio y me senté en el vestíbulo para intentar responder la pregunta: «Si solo pudieras hacer una cosa con tu vida en este momento, ¿cuál sería?».

El resultado fue el pedazo de papel en el que la facultad de Derecho, como dije antes, ni siquiera aparecía.

Hasta entonces siempre había sabido racionalmente que podía no estudiar Derecho. Sin embargo, emocionalmente, eso nunca había sido una opción. Fue entonces cuando me di cuenta de que, al sacrificar mi poder de elegir, había tomado una decisión, una mala decisión. Rechazando la posibilidad de «no ir a la facultad de Derecho», había elegido la facultad de Derecho no porque activa y realmente quisiera estar ahí, sino por defecto. Creo que en ese momento comprendí que cuando prescindimos de nuestra capacidad de elegir, algo o alguien dará el paso de elegir por nosotros.

Unas semanas después dejé oficialmente la facultad. Me marché de Inglaterra y me instalé en Estados Unidos para dar los primeros pasos en el camino de convertirme en escritor y maestro. Estás leyendo este libro gracias a esa decisión.

No obstante, debido al gran impacto que esta elección específica tuvo en la trayectoria de mi vida, valoro aún más cómo cambió mi forma de ver las elecciones. Con frecuencia pensamos en elegir como si se tratara de una cosa. Pero una elección no es una cosa. Nuestras opciones pueden ser cosas, pero una elección es una acción. No es solo algo que tenemos, sino algo que hacemos. Esta experiencia me llevó a la liberadora idea de que, si bien quizá no siempre tengamos el control de nuestras opciones, siempre podemos controlar cómo elegimos entre ellas.

¿Alguna vez te has sentido atrapado porque creías que no tenías opción? ¿Alguna vez has experimentado el estrés que genera mantener dos creencias contradictorias: «no puedo hacer esto» y «tengo que hacer esto»? ¿Alguna vez has cedido poco a poco tu poder de elegir hasta que te permitiste seguir a ciegas el camino que otra persona te había marcado?

Si es así, no estás solo.

El invencible poder de optar por elegir

Durante demasiado tiempo hemos subrayado en exceso el aspecto externo de las elecciones (u opciones) y hemos dado muy poca importancia a nuestra capacidad interna de elegir (nuestras acciones). Esto va más allá de la semántica. Piénsalo de la siguiente manera: las opciones (cosas) son algo que te pueden quitar, mientras que tu capacidad subyacente de elegir (libre albedrío), no.

La capacidad de elegir no es algo que puedan quitarte ni cederte, pero sí puede olvidarse.

¿Cómo olvidamos nuestra capacidad de elegir?

Una reflexión importante respecto a cómo y por qué olvidamos nuestra capacidad de elegir proviene de la investigación clásica de Martin Seligman y Steve Maier, quienes se toparon con lo que después llamaron «indefensión aprendida» mientras realizaban experimentos con perros pastores alemanes.

Seligman y Maier dividieron a los perros en tres grupos. A los del primer grupo les colocaron un arnés y les administraron una descarga eléctrica, pero también les dieron una palanca que podían apretar para detener la descarga. A los perros del segundo grupo se les colocó un arnés idéntico y se les dio la misma palanca y la misma descarga, con una trampa: la palanca no funcionaba, lo cual implicaba que el perro no podía hacer nada respecto a la descarga. Al tercer grupo de perros simplemente les pusieron el arnés y no les administraron descargas.[1]

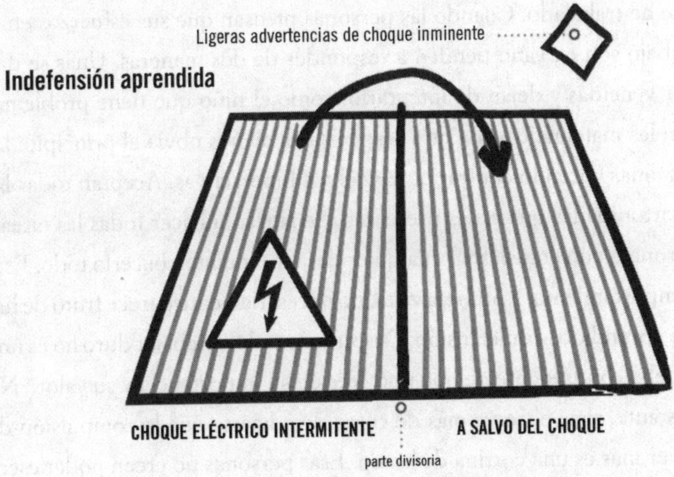

Después colocaron a cada uno de los perros en una caja grande con una pared divisoria baja en el centro. Un lado de la caja producía una descarga eléctrica, el otro no. Luego sucedió algo interesante. Los perros que habían sido capaces de detener la descarga o que no las habían recibido en la parte anterior del experimento aprendieron a cruzar la pared divisoria para pasar al lado donde no había descargas eléctricas. En cambio, los perros que no habían podido hacer nada en la primera parte del experimento no aprendieron. Esos perros no se adaptaron ni se regularon. No hicieron nada por tratar de evitar las descargas. ¿Por qué? No sabían que tenían otra opción que no fuera recibir los electrochoques. Habían aprendido la indefensión.

Se ha comprobado que los seres humanos aprendemos la indefensión de una forma muy similar. Un ejemplo es el del niño que en sus primeros años de escuela tiene problemas con las matemáticas. Lo intenta una y otra vez, sin lograr mejorar, así que termina por rendirse. Cree que no importa nada de lo que haga.

He observado la indefensión aprendida en muchas empresas con las que he trabajado. Cuando las personas piensan que sus esfuerzos en el trabajo son en vano tienden a responder de dos maneras. Unas se dan por vencidas y dejan de intentarlo, como el niño que tiene problemas con las matemáticas. La otra respuesta es menos obvia al principio: las personas hacen lo contrario, se vuelven hiperactivas. Aceptan todas las oportunidades que se les presentan. Se lanzan a hacer todas las tareas. Afrontan con entusiasmo cualquier desafío. Intentan hacerlo todo. Este comportamiento, a primera vista, no necesariamente parece fruto de haber aprendido la indefensión. Después de todo, ¿trabajar duro no es una prueba contundente de que uno cree en su importancia y su valor? No obstante, si se observa más de cerca, se advierte que la compulsión de hacer más es una cortina de humo. Esas personas no creen poder escoger qué oportunidad, tarea o desafío asumir. Creen que «tienen que hacerlo todo».

Yo seré el primero en admitir que las elecciones son difíciles. Por definición, implican decir que no a algo o a varias cosas, y eso puede sentirse como una pérdida. Fuera del lugar de trabajo, las elecciones en ocasiones resultan aún más difíciles. Cada vez que entramos en una tienda o en un restaurante o en cualquier sitio donde vendan cosas, todo está diseñado para que nos cueste decir que no. Cuando escuchamos un anuncio o comentario político, el objetivo es que nos parezca impensable votar lo contrario. Cuando nuestra suegra nos llama por teléfono (por supuesto, la mía está excluida) y quiere que hagamos algo, pensar que tenemos opción puede ser lo más difícil del mundo. Si vemos la vida cotidiana desde esta perspectiva, no es de sorprender que olvidemos nuestra capacidad de elegir.

No obstante, la elección se encuentra en la raíz misma de lo que significa ser esencialista. Convertirse en esencialista exige ser más consciente de la capacidad de elegir. Debemos reconocer que es un poder invencible que tenemos, separado y distinto de cualquier otra cosa, persona o fuerza. William James escribió: «Mi primer acto de libre albedrío será creer en el libre albedrío».[2] Por esa razón, la primera habilidad, y la más importante, que aprenderás en este viaje es desarrollar tu capacidad de optar por elegir en todas las áreas de tu vida.

No esencialista	Esencialista
«Tengo que hacerlo».	«Yo elijo».
Renuncia al derecho a elegir.	Ejerce el poder de elegir.

Cuando olvidamos nuestra capacidad de elegir aprendemos a ser indefensos. Poco a poco permitimos que nos quiten nuestro poder, hasta que terminamos convirtiéndonos en una función de las elecciones de otras personas, o incluso en una función de nuestras elecciones pasadas. Como consecuencia, cedemos nuestro poder de elección. Ese es el camino del no esencialista.

El esencialista, además de reconocer el poder de la elección, lo celebra. El esencialista sabe que, cuando cedemos el poder de elegir, les damos a otras personas no solo dicho poder, sino también el permiso explícito de elegir por nosotros.

3

Distingue

La falta de importancia de prácticamente todo

> La mayor parte de cuanto existe en el universo —nuestras acciones y todas las demás fuerzas, recursos e ideas— tiene poco valor y produce pocos resultados. Por otro lado, solo unas cuantas cosas funcionan maravillosamente bien y tienen un enorme impacto.
>
> RICHARD KOCH

En la clásica novela alegórica de George Orwell, *Rebelión en la granja*, conocemos al personaje Boxer, el caballo. El autor lo describe como fuerte y lleno de fe. Su respuesta a cada obstáculo y problema es: «Trabajaré más». Vive fiel a su filosofía en las circunstancias más terribles hasta que, exhausto y desgastado, lo envían al matadero. Es una figura trágica: a pesar de sus buenas intenciones, sus esfuerzos cada vez más grandes en realidad exacerban la desigualdad y los problemas en la granja.

¿Hay cosas en las que somos un poco como Boxer? ¿Lo único que hacen los obstáculos es fortalecer nuestra determinación de trabajar cada vez con más ahínco? ¿Respondemos ante los desafíos diciendo: «Sí, también puedo con esto»? Después de todo, desde una edad muy temprana nos han enseñado que trabajar con todas las fuerzas es la clave para obtener resultados, y muchos de nosotros hemos sido recompensados ampliamente por nuestra productividad y nuestra capacidad de afrontar cada tarea o desafío que el mundo nos arroja. No obstante, para las personas capaces que ya están trabajando al máximo ¿tiene límites el valor de su esfuerzo? ¿Existe un punto en el que hacer más no produce más? ¿Y un punto en el que hacer menos (pero pensar más), en cambio, genera mejores resultados?

Recuerdo cuando era pequeño y quería ganar un poco de dinero. Uno de los escasos trabajos que había para los niños de doce años era repartir periódicos. Ganaba una libra diaria, más o menos, y me tomaba cerca de una hora. Durante un tiempo, cada mañana cargaba una bolsa que parecía pesar más que yo, e iba de puerta en puerta durante una hora, antes de ir a la escuela (y quiero mencionar que no podíamos limitarnos a lanzar el periódico a la puerta de las casas, como se hace en Estados Unidos. Teníamos que meter el periódico en el diminuto buzón de la puerta y empujarlo para que pasara dentro). Era dinero ganado con el sudor de la frente, sin lugar a dudas.

El considerable esfuerzo que invertía para ganar solo esa libra diaria cambió para siempre mi manera de pensar respecto al costo de las cosas que deseaba. A partir de entonces, cuando veía algo que quería comprar, lo traducía a la cantidad de días que tenía que entregar periódicos para conseguirlo. Una libra de recompensa equivalía a una hora de esfuerzo. Me di cuenta de que, a ese ritmo, me tomaría un buen tiempo ahorrar para los MicroMachines que quería.

Entonces, al pensar formas de acelerar el proceso, se me ocurrió que podía lavar los coches de los vecinos los sábados por la mañana en vez de repartir periódicos. Podía cobrar dos libras por coche y lavar tres en una hora. De repente, la proporción de libras y horas había cambiado de 1:1 a 1:6. Acababa de aprender una lección crucial: ciertos tipos de esfuerzo proporcionan mejores recompensas que otros.

Años después, en la universidad, me contrataron en una empresa de asesoría. Trabajaba en el departamento de servicio al cliente por nueve libras la hora. Habría sido fácil pensar en los trabajos en términos de esa proporción entre tiempo y recompensa. Pero sabía que lo que contaba realmente era la relación entre tiempo y resultados.

De modo que me pregunté: «¿Cuál es el producto más valioso que podría lograr en este trabajo?». Y resultó ser recuperar clientes que habían decidido cancelar su contrato. Así es que me esforcé en convencer a los clientes de que no lo cancelaran y pronto conseguí una tasa cero de cancelaciones. Como me pagaban por cada cliente que mantenía, aprendí más, gané más y rendí más.

Trabajar duro es importante, pero más esfuerzo no necesariamente produce más resultados. «Menos pero mejor», sí.

Ferran Adrià, considerado el mejor chef del mundo y que ha llevado El Bulli a convertirse en el restaurante más famoso del planeta, es un ejemplo del principio «menos pero mejor» por lo menos en dos aspectos. En primer lugar, su especialidad es reducir platos tradicionales a su última esencia y luego volver a imaginarlos de un modo que nunca antes se había pensado. En segundo lugar, aunque El Bulli tenía unos dos millones de solicitudes de reserva anuales, solo atendía a cincuenta personas por noche y estaba cerrado seis meses al año. De hecho, mientras escribía este libro, Ferran Adrià dejó definitivamente de servir comidas y convirtió El Bulli en un laboratorio gastronómico donde continúa la búsqueda a tiempo completo de la esencia de su oficio, y nada más.[1]

Acostumbrarse a la idea de «menos pero mejor» puede resultar más difícil de lo que parece, en especial cuando hemos sido recompensados por hacer más y más y más. No obstante, llega un momento en que esforzarse más solo hace que nuestro progreso se estanque e incluso se detenga. Es verdad que la idea de una correlación directa entre esfuerzo y resultados es atractiva. Parece justo. Sin embargo, la investigación en muchos campos pinta una imagen muy distinta.

La mayoría de las personas han oído hablar del «principio de Pareto», establecido hace mucho tiempo, en la década de 1900, por Vilfredo Pareto, y que plantea que el 20 por ciento de nuestros esfuerzos produce el 80 por ciento de los resultados. Mucho después, en 1951, en su libro *Manual de control de calidad*, Joseph Moses Juran, uno de los padres del movimiento de la calidad, expandió esta idea y la denominó «ley de las pocas cosas vitales».[2] Su observación fue que puedes mejorar en gran medida la calidad de un producto al resolver una pequeña fracción de los problemas. Encontró una audiencia dispuesta a probar esa idea en Japón, país que en aquella época se había labrado una mala reputación por producir mercancías de baja calidad a bajo costo. Adoptar un proceso en el que un alto porcentaje del esfuerzo y la atención se canaliza en mejorar las pocas cosas que de verdad son vitales dio a la frase «Hecho en Japón» un significado totalmente nuevo. Y, poco a poco, la revolución de la calidad hizo que Japón se consolidara como una potencia económica global.[3]

El proceso de distinguir «las muchas cosas triviales» de «las pocas vitales» es válido para todo tipo de empresa humana, grande o pequeña. Lo ha hecho de una forma muy persuasiva Richard Koch, autor de varios libros sobre cómo aplicar el principio de Pareto (la regla 80/20) a la vida cotidiana.[4] De hecho, los ejemplos están en todas partes.

Piensa en Warren Buffett, autor de esta célebre afirmación: «Nuestra filosofía de inversión raya en el letargo».[5] Lo que esto significa es que él y su firma hacen relativamente pocas inversiones y las mantienen durante mucho tiempo. En *El tao de Warren Buffett*, Mary Buffett y David Clark explican lo siguiente: a comienzos de su carrera, Warren decidió que sería imposible tomar cientos de decisiones acertadas a la hora de invertir, así que decidió que invertiría solo en los negocios de los que estaba totalmente seguro y que luego apostaría muy fuerte por ellos. Warren debe el 90 por ciento de su riqueza a tan solo diez inversiones. A veces, lo que no haces es tan importante como lo que haces.[6] En resumen, apuesta sin reservas por las pocas oportunidades de inversión esenciales y dice que no a las que solo son buenas, mucho más abundantes.[7]

Algunos creen que la relación entre esfuerzos y resultados es aún menos lineal, de acuerdo con lo que los científicos denominan «ley del poder». Según la teoría de la ley del poder, ciertos esfuerzos producen más resultados que otros de manera exponencial. Por ejemplo, como ha dicho (y luego me lo confirmó en persona) Nathan Myhrvold, ex director general de tecnología de Microsoft, «Los desarrolladores de software más importantes son más productivos que los desarrolladores de software promedio no en un factor de 10x ni 100x, ni siquiera 1.000x, sino de 10.000x».[8] Tal vez sea una exageración, pero vuelve a dejar claro que ciertos esfuerzos producen mejores resultados que otros de manera exponencial.

La abrumadora realidad es que vivimos en un mundo en el que casi nada tiene valor y muy pocas cosas son excepcionalmente valiosas. Como ha escrito John Maxwell, «No se puede subestimar la falta de importancia de prácticamente todo».[9]

Un no esencialista piensa que casi todo es esencial.

Un esencialista piensa que casi nada es esencial.

A medida que aprendemos la lógica del 1:1, comenzamos a ver el valor de buscar el camino del esencialista. Descubrimos que incluso las muchas oportunidades buenas que perseguimos con frecuencia son mucho menos valiosas que las pocas verdaderamente excelentes. Una vez que entendemos esto, empezamos a escanear nuestro entorno con el fin de encontrar las pocas cosas vitales y eliminar las muchas cosas triviales. Hasta entonces no podemos rechazar las buenas oportunidades y aprovechar las excelentes de verdad.

Por esa razón, el esencialista dedica el tiempo que haga falta a explorar todas sus opciones. Esta inversión adicional se justifica porque algunas cosas son tan importantes que pagan diez veces el esfuerzo invertido en descubrirlas. En otras palabras, el esencialista distingue más para poder hacer menos.

No esencialista	**Esencialista**
Piensa que casi todo es esencial. Ve las oportunidades básicamente iguales unas a otras.	Distingue las pocas cosas vitales de las muchas cosas triviales.

Muchas personas capaces no logran alcanzar el siguiente nivel de rendimiento porque no pueden deshacerse de la creencia de que todo es importante. En cambio, el esencialista ha aprendido a distinguir lo que de verdad es importante de todo lo demás. Para practicar esta habilidad esencialista podemos empezar con cosas simples y, cuando la ejerzamos de forma natural en las decisiones cotidianas, pasar a aplicarla en áreas cada vez más grandes de nuestra vida personal y profesional. Dominarla por completo exige un cambio de mentalidad enorme, pero es posible.

4

Sacrifica algo

¿Cuál es el problema que quiero?

La estrategia es tomar decisiones, prescindir de cosas. Es elegir ser diferente de manera deliberada.

MICHAEL PORTER

Imagínate que pudieras regresar a 1972 e invertir un dólar en cada una de las empresas del S&P 500. ¿Qué empresa te daría la mayor ganancia por tu inversión en 2002? ¿Sería GE? ¿IBM? ¿Intel? De acuerdo con la revista *Money* y el análisis que realizó a partir de la investigación de Ned Davis, la respuesta es «Ninguna de las anteriores».[1]

La empresa que más ganancias dio es Southwest Airlines. Resulta sorprendente porque la industria de las aerolíneas lamentablemente es mala para generar ganancias. No obstante, Southwest, dirigida por Herb Kelleher, año tras año, con constancia, ha producido resultados financieros asombrosos. La visión esencialista que Herb ha aplicado al negocio ha sido fundamental.

Una vez asistí a un evento en el que entrevistaron a Herb sobre su estrategia para los negocios.[2] Fue una conversación excelente en muchos sentidos, pero cuando comenzó a hablar sobre lo decidido que había sido a la hora de sacrificar cosas en Southwest, agucé el oído. En lugar de tratar de volar a todos los destinos, decidieron ofrecer solo vuelos punto a punto. En lugar de subir los precios para cubrir los costos de las comidas, optaron por no servirlas más. En lugar de asignar los asientos con anticipación, dejaron que la gente los escogiera al subir al avión. En lugar de ofrecerles a sus pasajeros un ostentoso servicio de primera clase, se limitaron a la clase turista. No prescindieron de todo esto porque sí, sino con planificación. Cada una de las cosas que sacrificaron formaba parte de la estrategia de mantener bajos los costes. ¿Corrió el riesgo de alejar a los clientes que querían un rango de destinos más amplio o poder comprar comida aunque fuera excesivamente cara, entre otras cosas? Sí, pero Kelleher tenía muy claro lo que era la empresa (una aerolínea de bajo costo) y lo que no. Y sus concesiones lo reflejaban.

Un ejemplo de su mentalidad esencialista fue cuando dijo: «Tienes que ver cada oportunidad y decir: "Bueno, no... Lo siento, no vamos a hacer mil cosas distintas que en realidad no contribuirían gran cosa al resultado final que intentamos alcanzar"».

Al principio, contra Southwest arremetieron críticos, opositores y demás no esencialistas que no podían creer que su planteamiento pudiera resultar exitoso. ¿Quién en su sano juicio querría volar en una aerolínea que viajaba solo a ciertos lugares y que no servía nada de comer, por muy baratos que fueran los billetes? No obstante, unos años después, quedó claro que Southwest lo estaba logrando. Los competidores vieron las enormes ganancias de la compañía y trataron de imitarlos. Pero en lugar de adoptar por completo la visión esencialista de Kelleher, hicieron lo que Michel Porter, profesor de la escuela de negocios de Harvard, denomina «mezclar» su estrategia.

En términos simples, «mezclar» significa mantener tu estrategia intacta y al mismo tiempo intentar adoptar la estrategia de un competidor. Uno de los ejemplos más evidentes en la época fue el de Continental Airlines. Llamaron Continental Lite a su nuevo servicio de punto a punto.

Continental Lite incorporó algunas de las prácticas de Southwest. Bajaron las tarifas. Se deshicieron de las comidas. Eliminaron el servicio de primera clase. Incrementaron la frecuencia de las salidas. El problema fue que, como seguían aferrándose a su modelo de negocios anterior (Continental Lite solo representaba un pequeño porcentaje de los vuelos que ofrecía la aerolínea), no tenían la eficiencia operativa necesaria para competir en precios. Así que se vieron forzados a escatimar en otros aspectos que terminaron comprometiendo la calidad de su servicio. Aunque Southwest había prescindido de ciertos elementos de manera consciente y deliberada en áreas estratégicas clave, Continental se vio obligada a sacrificar cosas en los márgenes que no eran parte de una estrategia coherente. Según Porter, «Una posición estratégica no se puede sostener a menos que hagas concesiones en otras posiciones».[3] Al intentar operar mediante dos estrategias incompatibles, fueron debilitando su capacidad de ser competitivos.

La estrategia mixta resultó muy costosa para Continental. Perdieron millones de dólares en retrasos y, de acuerdo con Porter, «los vuelos retrasados y las cancelaciones generaron mil quejas al día». Al final, el director ejecutivo fue despedido. La moraleja de la historia: Ignorar que es necesario sacrificar ciertas cosas es una estrategia terrible para las empresas. Y también resulta una estrategia terrible para las personas.

¿Alguna vez has pasado unas horas con alguien que siempre está tratando de encajar una actividad más en su agenda? Estas personas saben que cuentan con diez minutos para llegar a una reunión que requiere una caminata de diez minutos, pero de todas formas se sientan a responder un par de correos electrónicos antes de salir. O aceptan escribir un informe para el viernes aunque ese día tienen otra entrega importante. O prometen darse una vuelta por la fiesta de cumpleaños de su primo el sábado por la noche aunque tienen entradas para un espectáculo que comienza a la misma hora. Su lógica, que ignora que es necesario sacrificar algo, es «Puedo hacer las dos cosas». El problema, muy importante, es que esta lógica falla. Inevitablemente llegan tarde a la reunión, quedan mal con una o con las dos entregas que tenían para el mismo día (o hacen un pésimo trabajo en ambos proyectos) y o no llegan a la fiesta del primo o se pierden el espectáculo. La realidad es que decir que sí a cualquier oportunidad implica por definición decir que no a muchas otras.

La necesidad de sacrificar cosas es real en nuestra vida tanto personal como profesional, y hasta que no aceptemos esta realidad estaremos condenados a quedarnos como Continental: atrapados en una estrategia mixta que nos obliga a hacer por defecto sacrificios en los márgenes que tal vez no habíamos planeado.

Erin Callan, ex directora de finanzas de Lehman Brothers, en un inteligente editorial del *New York Times*, explicó cómo había perdido el control de su tiempo por no hacer la tarea de prescindir de cosas en su momento. Escribió: «No empecé con la meta de dedicarme por completo a mi trabajo. Se fue dando con el tiempo. Cada año que pasaba, las pequeñas modificaciones se convertían en la nueva normalidad. Primero pasaba media hora los domingos organizando los correos, la lista de tareas pendientes y la agenda para que los lunes por la mañana fueran más fáciles. Luego me encontré trabajando un par de horas los domingos; después, todo el día. Mis límites se diluyeron hasta que lo único que quedó fue el trabajo».[4] Su historia demuestra una verdad crítica: podemos tomar las decisiones difíciles nosotros mismos o permitir que otras personas (nuestros colegas, nuestro jefe o nuestros clientes) decidan por nosotros.

En mi trabajo me he dado cuenta de que a los CEO les resulta muy complicado aceptar la necesidad de sacrificar cosas. Hace poco estuve con el director ejecutivo de una empresa de Silicon Valley, valorada en 40 mil millones de dólares. Me reveló la frase que resume el valor principal de su empresa, frase que acababa de acuñar y que planeaba anunciar a toda la empresa. Sin embargo, cuando la dijo, me dio vergüenza: «Valoramos la pasión, la innovación, la ejecución y el liderazgo».

Uno de los muchos problemas de esta lista es: ¿quién no valora esas cosas? Otro es que no les aclara a los empleados qué es lo que la empresa valora más. No dice nada sobre qué opciones deben escoger los empleados cuando esos valores se ponen en peligro. También ocurre esto cuando las empresas afirman que su misión es servir por igual a todas las partes interesadas (clientes, empleados, accionistas). Decir que valoran igual a todas las personas con las que interactúan deja a los directivos sin una guía clara de cómo actuar cuando es necesario establecer prioridades entre las personas a quienes sirven.

Compara esto con la manera en que Johnson & Johnson se recuperó del trágico escándalo de las muertes por cianuro de 1982.[5] En esa época, Johnson & Johnson era dueño del 37 por ciento del mercado, y el Tylenol era el producto que más ganancias generaba. Entonces salieron a la luz informes que indicaban que siete personas habían muerto tras tomar Tylenol. Después se descubrió que las botellas habían sido alteradas. ¿Cómo debía responder Johnson & Johnson?

Era una cuestión complicada. ¿Su primera respuesta fue garantizar la seguridad de sus clientes al retirar de las farmacias todos los productos de Tylenol? ¿Su prioridad fue que el área de relaciones públicas tomara medidas para controlar el daño y así impedir que los accionistas los dejaran? ¿O su deber era consolar y compensar a las familias de las víctimas primero y antes que nada?

Por fortuna para ellos tenían un credo: una frase escrita en 1943 por el entonces presidente de la empresa, Robert Wood Johnson, grabada en piedra en las oficinas de Johnson & Johnson.[6] A diferencia de la mayoría de las frases que enuncian una misión corporativa, este credo lista los componentes de la empresa ordenados según su prioridad. Los clientes al principio, los accionistas al final.

Como resultado, rápidamente Johnson & Johnson decidió retirar todo el Tylenol, aunque esto tuviera un coste enorme para ellos (alrededor de 100 millones de dólares, según algunos informes). ¿La seguridad de los clientes o 100 millones de dólares? No es una decisión fácil. Sin embargo, el credo les clarificó lo que era esencial y les permitió llevar a cabo la dura elección.

Podemos esquivar la necesidad de sacrificar cosas, pero no escapar de ella.

Una vez trabajé con un equipo de ejecutivos que necesitaban ayuda para establecer sus prioridades. Tenían dificultades para identificar los primeros cinco proyectos que querían que su departamento de tecnología terminara en el siguiente año fiscal, y a una de las gerentes en particular le costaba especialmente. Insistía en que fueran considerados «prioridades principales» dieciocho proyectos. Yo la apremié a que eligiera cinco. Presentó su lista al equipo y dos semanas después regresaron con la lista, de la que ella había eliminado… ¡un solo proyecto! (Siempre me pregunté qué tendría de especial ese proyecto que se había quedado fuera). Al negarse a hacer concesiones, había terminado por quitarle a cinco proyectos el tiempo y esfuerzo que merecían para dárselo a diecisiete. No es de sorprender que no obtuviera los resultados que esperaba. Su lógica había sido: «Podemos hacerlo todo». Obviamente, no podían.

Es fácil ver por qué es tan tentador negar la necesidad de sacrificar cosas. Al fin y al cabo, por definición, sacrificar algo implica elegir entre dos cosas. ¿Quieres más dinero o más vacaciones? ¿Quieres terminar otro correo electrónico o llegar a tiempo a la reunión? ¿Quieres que se haga más rápido o mejor? Está claro que cuando tenemos que elegir entre dos cosas que deseamos, lo que nos gustaría es decir que sí a ambas. Pero, por mucho que queramos, no podemos tenerlo todo.

Un no esencialista, cuando tiene que sacrificar algo, se pregunta: «¿Cómo puedo hacer las dos cosas?». Los esencialistas se plantean una pregunta más difícil, pero al final más liberadora: «¿Qué problema quiero?». El esencialista prescinde de cosas de manera deliberada. Actúa por sí mismo. Como sostenía el economista Thomas Sowell, «No existen soluciones. Solo existen concesiones».[7]

Peter Drucker una vez le dijo a Jim Collins, autor del clásico de negocios *Good to Great* [De bueno a grandioso], que podía crear o bien una compañía grandiosa o bien ideas grandiosas, pero no las dos cosas. Jim eligió las ideas. Como resultado de esta concesión, su empresa sigue teniendo tres empleados a tiempo completo, pero sus ideas han llegado a decenas de millones de personas a través de sus libros.[8]

Por doloroso que sea a veces, sacrificar algo nos da una buena oportunidad. Al obligarnos a sopesar ambas opciones y a elegir de manera estratégica la que resulta mejor para nosotros, incrementamos de manera significativa nuestras posibilidades de alcanzar la meta que nos proponemos. Como Southwest, podemos disfrutar el éxito que resulta de elegir de manera coherente.

Hace poco vi un ejemplo de esto en un vuelo a Boston, cuando me puse a hablar con una pareja que iba a visitar a su hijo en Harvard. Era evidente que estaban orgullosos de que él estudiara ahí, y yo tenía curiosidad por saber qué estrategia habían usado para lograr que lo aceptaran. Dijeron: «Hicimos que probara muchas cosas diferentes, y en cuanto quedaba claro que una actividad no iba a ser algo "en lo que fuera a destacar", lo hablábamos y lo sacábamos de esa actividad». La cuestión no es si todos los padres deberían desear que sus hijos vayan a Harvard. La cuestión es que esos padres esencialistas se habían puesto conscientemente la meta de que su hijo fuera a Harvard y habían entendido que alcanzarla requería hacer «sacrificios estratégicos».

Esta lógica también se aplica a nuestra vida personal. De recién casados, Anna y yo conocimos a alguien que nos parecía que tenía un matrimonio y una familia maravillosos. Queríamos aprender de él, por eso le preguntamos cuál era su secreto. Nos dijo que él y su esposa habían decidido no formar parte de ningún club. Él no entró en la logia local. Ella no se apuntó a los clubes de lectura. No era que no tuvieran interés en esas cosas. Pero prescindieron de ellas para pasar ese tiempo con sus hijos. Con los años, sus hijos se habían convertido en sus mejores amigos, lo cual bien valía sacrificar cualquier amistad que hubieran podido hacer en el campo de golf o junto a viejos ejemplares de *Ana Karenina*.

Los esencialistas consideran las elecciones como una parte inherente de la vida, pero no necesariamente negativa. En vez de preguntar: «¿A qué tengo que renunciar?», preguntan: «¿En qué quiero ser grande?». El impacto acumulativo de este pequeño cambio de mentalidad puede ser profundo.

No esencialista	Esencialista
Piensa: «Puedo hacer las dos cosas».	Pregunta: «¿De qué quiero prescindir?».
Pregunta: «¿Cómo puedo hacerlo todo?».	Pregunta: «¿A qué puedo apostarlo todo?».

En el texto «Ríe, Kookaburra», publicado en *The New Yorker*, David Sedaris hace una simpática narración de su experiencia haciendo un viaje por Australia.[9] Durante una caminata, su amiga y guía de ese día le contó algo que había oído de pasada en una clase de administración. «Imaginad que tenéis una cocina de cuatro fuegos —les dijo a los miembros del grupo—. Uno de los fuegos representa a vuestra familia; otro, a vuestros amigos; el tercero, la salud, y el cuarto, el trabajo. Para tener éxito, debéis quitar uno de los fuegos. Y para tener mucho éxito, quitar dos».

Por supuesto, esto era un chiste. Lejos de mi intención sugerir que vivir el camino del esencialista nos exige decidir entre la familia y la salud o el trabajo. Lo que intento decir es que, cuando nos enfrentamos a una decisión en la que una de las opciones pone en primer lugar a la familia, y la otra, a los amigos, la salud o el trabajo, debemos estar preparados para preguntar: «¿Qué problema quieres tener?».

No podemos ni ignorar ni condenar la necesidad de sacrificar ciertas cosas. Hay que aceptarlo y actuar en consecuencia de manera deliberada, estratégica y reflexiva.

SEGUNDA PARTE

Explora

¿Cómo podemos distinguir las muchas cosas triviales de las pocas vitales?

Explora

Explora. Distingue las pocas cosas vitales de las muchas triviales

Una paradoja del Esencialismo es que los esencialistas, de hecho, examinan más opciones que los no esencialistas. Los no esencialistas se emocionan prácticamente con todo y, por tanto, reaccionan ante todo. Sin embargo, como están tan ocupados aceptando cada oportunidad y cada idea, en realidad indagan menos. En cambio, el camino del esencialista consiste en investigar y evaluar una amplia gama de opciones antes de comprometerse con ninguna. Como los esencialistas se implican con unas cuantas ideas o actividades vitales y apuestan fuerte por ellas, sopesan más opciones al principio para asegurarse de que más adelante elegirán la adecuada.

En esta segunda parte hablaré de cinco hábitos para investigar lo que es esencial. La inercia del no esencialismo puede ser tan fuerte que quizá te sientas tentado de saltarte o ver de manera superficial este paso. No obstante, es un paso en sí mismo esencial para la búsqueda disciplinada de menos. Para distinguir lo que de verdad es esencial, necesitamos espacio para pensar, tiempo para ver y escuchar, permiso para jugar, sabiduría para dormir y la disciplina de aplicar criterios muy selectivos a las elecciones que hacemos.

Paradójicamente, en una cultura no esencialista, estas cosas (disponer de espacio y de tiempo, escuchar, jugar y seleccionar) a veces se toman por distracciones triviales. En el mejor de los casos, se consideran algo agradable que podemos tener. En el peor, se ridiculizan como prueba de debilidad y desperdicio. Todos sabemos que una persona muy ambiciosa o productiva piensa: «Claro, me encantaría reservarme un tiempo solo para pensar, pero es un lujo que no podemos permitirnos en este momento», o «¿Jugar? ¿Quién tiene tiempo para jugar? ¡Estamos aquí para trabajar!», e incluso, como me dijo un directivo durante el proceso de integración de nuevos empleados, «Espero que hayas dormido bien esta noche. Aquí eso no sucede con mucha frecuencia».

Si crees que estar demasiado ocupado es evidencia de productividad, tal vez creas que la práctica de generar espacio para investigar, pensar y reflexionar debería reducirse al mínimo. No obstante, esas actividades son el antídoto que revierte el estado no esencialista que nos afecta a tantos de nosotros y que consiste en encontrarse demasiado ocupado. No son diversiones triviales, sino actividades fundamentales para distinguir lo que es una diversión trivial de lo que es esencial de verdad.

Los esencialistas pasan el mayor tiempo posible indagando, escuchando, debatiendo, cuestionando y pensando. Sin embargo, su investigación no es un fin en sí misma. El objetivo de la investigación es distinguir las pocas cosas vitales de las muchas triviales.

5

Escápate

Los beneficios de no estar disponible

> Sin una gran soledad ningún trabajo serio es posible.
>
> Pablo Picasso

Frank O'Brien es el fundador de Conversations, una empresa de servicios de mercadotecnia con sede en Nueva York que ha sido incluida en la lista Inc. 500/5000 de las «Empresas privadas con el crecimiento más rápido de Estados Unidos». En respuesta al ritmo frenético con que se trabaja en las oficinas, ha instaurado un hábito radical.

Una vez al mes reúne a los cincuenta empleados de la empresa en una sala durante todo el día. Los teléfonos están prohibidos. También los correos electrónicos. No hay orden del día. El objetivo de la reunión es simplemente escapar para pensar y hablar. Como supondrás, no convoca esta reunión para un viernes de mediados de mes, cuando la productividad suele ser baja y la gente, de cualquier manera, no está haciendo demasiado «trabajo real». Convoca la reunión de todo el día el primer lunes del mes. Esta costumbre no solo es una disciplina interna, incluso los clientes saben que no deben esperar respuesta ese «lunes sin llamadas».[1]

Hace esto porque sabe que sus empleados jamás descubrirán lo que es esencial si siempre están trabajando. Necesitan espacio para darse cuenta de lo que de verdad importa. O'Brien explica: «Creo que es vital disponer de un tiempo para tomarse un respiro, mirar alrededor y pensar. Necesitas ese nivel de claridad para innovar y crecer». Además, las reuniones le sirven de prueba para ver si los empleados dedican demasiado tiempo a lo que no es esencial: «Si alguien no puede asistir a la reunión porque tiene muchas cosas que hacer, significa que estamos haciendo algo de manera ineficiente o que necesitamos contratar más personal». Si esas personas están demasiado ocupadas para pensar, están demasiado ocupadas, punto.

Para poder distinguir las pocas cosas esenciales de las muchas triviales necesitamos espacio para escapar. Por desgracia, actualmente, cuando el tiempo nunca es suficiente, no disponemos de ese espacio sin hacer nada, debemos planearlo. Un directivo con el que trabajé me confesó que se había quedado en una empresa durante cinco años más de lo debido. ¿Por qué? Porque estaba tan ocupado trabajando en la empresa que no se paró a decidir si debía trabajar ahí o no. Las exigencias cotidianas le impidieron dar un paso atrás para ganar perspectiva.

En una tónica similar, el vicepresidente de una importante empresa de tecnología global me contó que pasa treinta y cinco horas a la semana en reuniones. Estas reuniones lo consumen tanto que ni siquiera le queda una hora al mes para planificar su carrera, y mucho menos para pensar cómo llevar la empresa al siguiente nivel. En vez de darse el espacio necesario para hablar y debatir sobre lo que está pasando y lo que debería pasar en realidad, malgasta el tiempo en presentaciones interminables y conversaciones aburridas y poco funcionales que no conducen a ninguna decisión.

Antes de evaluar lo que es esencial y lo que no, debes averiguar cuáles son tus opciones. Mientras que los no esencialistas reaccionan automáticamente ante la última idea, se precipitan a aceptar cualquier oportunidad o responden al correo electrónico que acaba de llegar, los esencialistas optan por crear un espacio en el que explorar y ponderar.

No esencialista	Esencialista
Hacer cosas lo tiene demasiado ocupado para pensar en la vida.	Crea espacio para escapar y explorar la vida.

Espacio para diseñar

El valor que tiene crear un espacio para investigar me ha resultado evidente en mi trabajo en la escuela de diseño de Stanford (oficialmente, Instituto de Diseño Hasso Plattner de Stanford). Lo primero que noté al entrar en el aula donde me habían pedido que diera el curso era que no había sillas tradicionales. Lo que hay para sentarse son unos cubos de espuma que, según descubrí enseguida, resultan muy incómodos. Como casi todo en la escuela, los cubos se han diseñado. En este caso, el objetivo del diseño es que después de unos minutos de estar mal sentados, los estudiantes prefieran ponerse de pie, caminar por ahí e interactuar entre sí, no solo con el compañero que está sentado a la derecha o a la izquierda. Esta es la cuestión. La escuela ha usado el espacio físico para fomentar nuevas formas de interactuar y pensar.

Con el mismo fin, la escuela también ha creado un escondite llamado «Cabina negra». Se trata de una habitación pequeña diseñada para que solo puedan entrar entre una y tres personas. No tiene ventanas, es a prueba de ruidos y construida de tal manera que no haya distracciones. Según explican Scott Doorley y Scott Witthoft en *Make Space* [Haz espacio], no solo «no tiene la tecnología más reciente. No tiene ninguna clase de tecnología». Está apartada en la planta baja. No se encuentra, como señalan Doorley y Witthoft, de camino hacia ningún otro lado.[2] La única razón por la que vas ahí es para pensar. Al crear espacio para pensar y focalizarse, los estudiantes tienen la oportunidad de dar un paso atrás para ver con mayor claridad.

Por alguna razón existe una falsa asociación con la palabra «foco». Como sucede con las elecciones, la gente suele pensar en el foco como en una cosa. Sí, el foco es algo que tenemos, pero también algo que hacemos.

Para poner el foco debemos escaparnos con el fin de focalizarnos.

Cuando digo «focalizarnos» no me refiero solo a seleccionar una pregunta o posibilidad y pensar al respecto de manera obsesiva. Me refiero a crear espacio para explorar cientos de preguntas y posibilidades. Un esencialista se focaliza igual que cuando enfocamos la mirada; no al fijarse en algo, sino al ajustarse y adaptarse constantemente al campo de visión.

En una reunión que tuve hace poco también en la escuela de diseño (en otra sala sin asientos ni escritorios, con pizarrones desde el techo hasta el suelo cubiertos con pósits de todos los colores habidos y por haber), conocí a Jeremy Utley, mi compañero en el desarrollo de una nueva clase de prototipo que, en un momento de genialidad, Jeremy llamó «Cómo diseñar la vida de manera esencial».

El único propósito de la clase es crear espacio para que los estudiantes diseñen su vida. Cada semana tienen programada una cuestión para pensar. Se les obliga a apagar los ordenadores y móviles y a encender todo el poder de su mente. Se les asignan tareas para practicar a conciencia la forma de distinguir las pocas cosas esenciales de las muchas cosas buenas. No hace falta estar en la escuela de diseño de Stanford para adoptar esos hábitos. Todos podemos aprender a crear más espacio en nuestra vida.

Espacio para concentrarte

Conozco a un ejecutivo inteligente y motivado, pero que se distrae con mucha frecuencia. En todo momento mantiene conversaciones por Twitter, Gmail, Facebook y demás aplicaciones de mensajería. Con el propósito de crear un espacio sin distracciones, una vez pidió a su ayudante que desconectara todos los cables de internet de su ordenador. Aun así, encontró demasiadas maneras de estar en línea. Por eso, puesto que le costaba terminar un proyecto particularmente importante, recurrió a una medida desesperada. Dejó el móvil y se fue a un motel que no tenía acceso a internet. Después de ocho semanas de enclaustramiento consiguió terminarlo.

En mi opinión, es un poco triste que ese ejecutivo se viera obligado a implementar dichas medidas. No obstante, aunque quizá sus métodos fueran extremos, no puedo cuestionar sus intenciones. Sabía que para lograr el máximo rendimiento en una tarea era necesario crear un espacio donde pudiera pensar sin interrupciones.

Piensa en sir Isaac Newton. Pasó dos años trabajando en lo que se convirtió en los *Principios matemáticos de la filosofía natural*, sus famosos textos sobre la gravitación universal y las tres leyes del movimiento. Ese periodo de encierro casi total resultó vital para lo que se convertiría en un gran descubrimiento que dio forma a la mentalidad científica durante los siguientes trescientos años.

Richard S. Westfall escribió lo siguiente: «En la época en que era famoso, a Newton le preguntaron cómo había descubierto la ley de la gravitación universal. "Al pensar en ella continuamente", fue la respuesta. [...] En lo que pensaba, pensaba continuamente, lo cual equivale a decir exclusiva o casi exclusivamente».[3] En otras palabras, Newton creó un espacio para la concentración intensa, y ese espacio sin interrupciones le permitió explorar los elementos esenciales del universo.

Inspirado por Newton, escribí este libro de una manera similar, aunque menos extrema. Me reservé ocho horas diarias para escribir: de las cinco de la mañana a la una de la tarde, cinco días a la semana. La regla básica era nada de correos electrónicos, ni llamadas, ni citas, ni interrupciones hasta después de la una. No siempre lo lograba, pero la disciplina resultó fundamental. Programé la respuesta automática de mi correo electrónico para que dijera que estaba «en estado monástico» hasta que terminara el libro. Es difícil expresar cuánta libertad encontré en este sistema. Al crear espacio para explorar, pensar y escribir, no solo escribí el libro más rápido, sino que pude controlar mejor en qué invertía el resto del tiempo.

Parece obvio, pero ¿cuándo fue la última vez que en medio de tu ajetreado día te paraste a sentarte y pensar? No me refiero a los cinco minutos que dedicas a hacer la lista de tareas pendientes durante el trayecto al trabajo ni a la reunión en la que te distraes pensando cómo abordar un proyecto en el que estás trabajando. Me refiero a destinar de manera deliberada un tiempo libre de distracciones en un espacio libre de distracciones a no hacer absolutamente nada que no sea pensar.

Por supuesto, en la actualidad, esto es más difícil que nunca en un mundo lleno de dispositivos y estímulos. Una vez un directivo de Twitter me preguntó: «¿Te acuerdas de cómo era aburrirse? Esto ya no pasa». Tiene razón; hace apenas unos años, si estabas en un aeropuerto esperando un vuelo retrasado o en la sala de espera de un consultorio, lo más probable es que te quedaras sentado, mirando al vacío, aburriéndote. Hoy, en el aeropuerto o la sala de espera todo el mundo está pegado a sus herramientas tecnológicas. Obviamente, a nadie le gusta aburrirse. Sin embargo, al abolir cualquier oportunidad de aburrirnos, también hemos perdido el tiempo que antes teníamos para pensar y procesar.

Aquí tienes otra paradoja: cuanto más rápida y llena de ocupaciones sea nuestra vida, más necesitamos programar tiempos para pensar. Y cuanto más ruidosa sea nuestra vida, más necesitamos espacios tranquilos de reflexión en los que podamos concentrarnos de verdad.

Por muy ocupado que estés, en tu jornada puedes reservar un tiempo y un espacio para pensar. Por ejemplo, Jeff Weiner, director ejecutivo de LinkedIn, deja dos horas libres en su agenda todos los días. Las divide en bloques de treinta minutos, aunque no programa nada. Es un hábito simple que desarrolló cuando las numerosas reuniones no le dejaban tiempo para procesar lo que estaba sucediendo a su alrededor.[4] Al principio parecía un lujo, una pérdida de tiempo, pero más adelante descubrió que era su herramienta de productividad más valiosa. Lo considera la principal forma de garantizar que él dirige su jornada, en lugar de estar a su merced.

Me explicó lo siguiente: «Recuerdo un día en particular, en que, por una serie de circunstancias, estuve en teleconferencias o reuniones sin parar desde las cinco de la mañana hasta las nueve de la noche. Recuerdo lo frustrado que me sentí al final del día, cuando pensé que no había tenido el control de mi agenda y que, más bien, ella me había controlado a mí. Sin embargo, esa frustración de inmediato dio origen a un sentimiento de gratitud, dado que es el único día que recuerdo haberme sentido así desde que asumí mi papel actual».

En su espacio puede pensar en cuestiones esenciales: ¿cómo será la empresa dentro de tres o cinco años?, ¿cómo mejorar un producto que ya es popular o atender la necesidad de un cliente que no ha sido satisfecha?, ¿cómo ampliar una ventaja competitiva o cerrar una brecha competitiva? Este espacio le sirve asimismo para recargar baterías emocionalmente, lo cual le permite pasar del «modo de solución de problemas» al «modo de asesor» que se espera de él en su calidad de directivo.

Para Jeff, crear espacio es más que un hábito. Es parte de una filosofía más amplia. Ha visto los efectos que la búsqueda indisciplinada de más ha tenido en las empresas y en la vida de los ejecutivos. Así que para él no es un eslogan ni una frase pegajosa. Es una filosofía.

Espacio para leer

Podemos inspirarnos todavía más con el ejemplo del empresario Bill Gates, quien tiene la célebre costumbre de tomarse una semana libre de sus tareas diarias en Microsoft simplemente para pensar y leer. Una vez asistí a una sesión de preguntas y respuestas con Bill en las instalaciones de la Fundación Bill y Melinda Gates, en Seattle, Washington. Daba la casualidad de que acababa de terminar su última «semana para pensar». Aunque había leído sobre esa costumbre, lo que no sabía era que se remontaba a la década de los ochenta, ni que Bill Gates la seguía manteniendo en el punto más alto de la expansión de Microsoft.[5]

En otras palabras, dos veces al año, durante la época más atareada y frenética de la empresa, él crea tiempo y espacio para recluirse durante una semana sin hacer nada más que leer artículos (su récord es de 112) y libros, estudiar tecnología y pensar en el panorama general. Hoy en día sigue dejando a ratos las labores cotidianas que dirigir su fundación le exige solo para pensar.

Si reservarse una semana completa parece abrumador o imposible, hay formas de repartir la «semana para pensar» en varios ratos cada día. Un hábito que me ha parecido útil consiste en leer los primeros veinte minutos del día algo de literatura clásica (no un blog, ni el periódico, ni la última novela para leer en la playa). Esto no solo anula mi tendencia a revisar el correo electrónico en cuanto me despierto, sino que centra mi día. Amplía mi perspectiva y me recuerda qué temas e ideas son lo suficientemente esenciales para haber resistido la prueba del tiempo.

Yo prefiero la literatura motivacional, pero eso es cuestión de gustos. Aun así, para los que estén interesados en ella, algunos títulos que pueden tener en cuenta son: *Zen*, *La razón de la sinrazón*, *Los libros de la sabiduría de Confucio*, la Torá, la Biblia, *Tao, saber sin saber*, *El significado del glorioso Corán: una traducción explicada*, *Como el hombre piensa*, *Lo esencial de Gandhi*, *Walden o la vida en los bosques*, *El libro de Mormón*, *Las meditaciones de Marco Aurelio* y los *Upanishads*. Hay miles de opciones. Asegúrate, eso sí, de que escoges algo que se haya escrito antes de nuestra era hiperconectada y que, no obstante, parezca atemporal. Esos textos pueden desafiar nuestras suposiciones sobre lo verdaderamente importante.

Tanto si puedes invertir dos horas diarias como dos semanas al año o solo cinco minutos cada mañana, es importante que hagas espacio para escapar de tu vida ajetreada.

6

Mira

Ve lo que realmente importa

> ¿Dónde está el conocimiento que hemos perdido en la información?
>
> T. S. Eliot

La escritora Nora Ephron es bien conocida por películas como *Silkwood*, *Algo para recordar* y *Cuando Harry encontró a Sally*, todas ellas nominadas a un Premio de la Academia. El éxito de Ephron como escritora y guionista tiene mucho que ver con su capacidad para captar la esencia de una historia, habilidad que perfeccionó a comienzos de su carrera como periodista. Pero, a pesar de los muchos años dedicados al intenso mundo del periodismo, la lección que más profundamente la influyó data de cuando estudiaba en el instituto.

Charlie O. Simms daba una clase de Introducción al Periodismo en el Instituto Beverly Hills. El primer día que Ephron asistió a la clase, Simms comenzó más o menos de la misma forma en que lo haría cualquier maestro de periodismo, explicando el concepto de «título». Explicó que un título contiene el porqué, el qué, el cuándo y el quién del texto. La información esencial. Entonces les dio su primera tarea: escribir el título de una historia.

Simms comenzó por presentar los hechos de la historia: «Kenneth L. Peters, el director del Instituto Beverly Hills, ha anunciado hoy que todos los profesores del centro viajarán a Sacramento el próximo jueves para asistir a un coloquio sobre nuevos métodos de enseñanza. Entre los conferenciantes estarán la antropóloga Margaret Mead, el decano Robert Maynard Hutchins y el gobernador de California, Edmund "Pat" Brown».

Los estudiantes golpeaban sus máquinas de escribir manuales tratando de seguirle el ritmo al maestro. Luego entregaron sus títulos escritos a toda velocidad. Cada uno intentó resumir el quién, el qué, el dónde y el porqué de la manera más sintética posible: «Margaret Mead, Maynard Hutchins y el gobernador Brown hablarán a los docentes sobre...»; «El próximo jueves, los docentes del instituto...». Simms revisó los títulos de los estudiantes y los puso a un lado.

A continuación les dijo que todos estaban mal. El título de la historia, dijo, era: «El jueves no habrá clases».

«En ese instante —recuerda Ephron— me di cuenta de que el periodismo no consistía solo en regurgitar los hechos, sino en encontrar la cuestión. No bastaba con saber quién, qué, cuándo y dónde; tenías que entender lo que significaba. Y el porqué importaba». Ephron añadió: «Me enseñó algo que funciona tan bien en la vida como en el periodismo».[1]

En todo conjunto de hechos se esconde algo esencial. Y un buen periodista sabe que descubrirlo implica examinar las distintas informaciones y descubrir cuáles son las relaciones entre ellas (me licencié en Periodismo, así que esto me lo tomo bastante en serio). Implica sacar a la luz esas relaciones y conexiones, construir el todo a partir de la suma de sus partes y entender cómo se unen esas piezas distintas para que le interesen a la gente. Los mejores periodistas no se limitan a trasladar información. Su valor consiste en descubrir lo que realmente le importa a la gente.

¿Alguna vez te has sentido perdido e inseguro, sin saber en qué concentrarte? ¿Alguna vez te has sentido abrumado por toda la información que te bombardea y no aciertas a hacer algo con ella? ¿Alguna vez te has sentido mareado por las distintas peticiones que te llegan, incapaz de discernir cuáles son importantes y cuáles no? ¿Alguna vez no has conseguido ver el meollo de algo en el trabajo o en casa y no te diste cuenta de tu error hasta que fue demasiado tarde? Si ha sido así, la siguiente habilidad esencialista será sumamente valiosa.

El panorama general

El 29 de diciembre de 1972, el vuelo 401 de Eastern Air Lines se estrelló en los Everglades de Florida, lo cual ocasionó la muerte de más de cien pasajeros.[2] Era la primera vez que se estrellaba un avión de fuselaje ancho y fue uno de los peores accidentes aéreos en la historia de Estados Unidos. Tiempo después, los investigadores descubrieron, asombrados, que el avión estaba en perfectas condiciones. Entonces ¿qué había fallado?

El jet Lockheed se estaba preparando para aterrizar cuando el primer oficial, Albert Stockstill, advirtió que no se había encendido el indicador del tren de aterrizaje, una diminuta luz verde que significa que el tren delantero funciona. No obstante, el tren delantero estaba funcionando, así que el problema era la luz indicadora, no el mecanismo. Como los pilotos estaban tan concentrados en el indicador, no se dieron cuenta de que el piloto automático estaba desactivado hasta que fue demasiado tarde. En otras palabras, el tren de aterrizaje delantero no ocasionó el desastre; lo causó que la tripulación perdiera de vista el problema más importante (la altitud del avión).

Ser el periodista de tu propia vida te obligará a dejar de centrarte en los detalles menores y a ver el panorama general. Puedes actuar como un periodista en cualquiera que sea tu campo, incluso en tu vida personal. Al practicar la redacción de los «títulos», de pronto descubrirás que ves lo que se te ha escapado. Serás capaz de ir más allá de ver los puntos de cada día, y los conectarás para identificar las tendencias. En vez de limitarte a reaccionar ante los hechos, podrás concentrarte en los grandes temas que realmente importan.

Filtra la información en busca de lo fascinante

Por instinto, sabemos que no podemos examinar toda la información que encontramos en nuestra vida. Distinguir lo que es esencial investigar nos exige ser disciplinados sobre cómo escaneamos y filtramos todos los hechos, opciones y opiniones que compiten y están en conflicto entre sí, y que buscan llamarnos la atención.

Hace poco hablé con Thomas Friedman, un premiado periodista que colabora como columnista en el *New York Times*, sobre cómo separar la información esencial del ruido no esencial. Antes de reunirse conmigo, Thomas había tenido una comida de trabajo con las personas que le daban información para la columna que estaba escribiendo. Al principio, alguien pensó que no estaba prestando atención a la conversación de la mesa. Pero sí estaba escuchando. Estaba absorbiendo el conjunto de la conversación, y filtrando la información para quedarse solo con las cosas que en realidad le interesaban. Luego intentó conectar los puntos haciendo preguntas específicas sobre aquello que le concernía.

Los mejores periodistas, como me dijo Friedman, escuchan lo que otros no quieren escuchar. En la comida, él había estado escuchando lo que solo se decía en la periferia; había estado más pendiente de lo que no se estaba diciendo.

Los esencialistas tienen muy desarrollada la capacidad de observar y escuchar. Como saben que es inevitable que haya que sacrificar algo y que no se puede prestar atención a todo, se fijan deliberadamente en lo que no se está diciendo de manera explícita. Leen entre líneas. O, como dijo Hermione Granger, de *Harry Potter* (poco esencialista en general, cierto, pero esencialista en este caso): «De hecho, soy muy lógica, lo cual me permite ver más allá de los detalles superfluos y percibir claramente lo que otros pasan por alto».[3]

Los no esencialistas también escuchan, pero escuchan mientras se preparan para decir algo. Se distraen con el ruido. Se centran demasiado en detalles insignificantes. Escuchan la voz más fuerte, pero se equivocan al extraer el mensaje. Ansiosos por reaccionar, no lo comprenden. Como resultado, usando una metáfora de C. S. Lewis, tal vez anden corriendo con extintores en tiempos de inundación.[4] No se fijan en el título.

No esencialista	Esencialista
Presta demasiada atención a la voz más fuerte.	Presta atención a la señal en medio del ruido.
Escucha todo lo que se está diciendo.	Escucha lo que no se está diciendo.
Se siente abrumado por tanta información.	Busca la esencia de la información.

En el caos de las oficinas modernas, con tantas voces fuertes a nuestro alrededor que nos atraen en muchas direcciones, es más importante que nunca que aprendamos a resistirnos al canto de la sirena de la distracción y a mantener los ojos y los oídos abiertos a los titulares. Las que siguen son algunas formas de sacarle jugo a tu periodista interior.

Lleva un diario

En inglés, las palabras *journal* («diario») y *journalist* («periodista») provienen de la misma raíz. Un periodista, en el sentido más literal de la palabra, es alguien que escribe un diario. Por consiguiente, una de las formas más obvias y, no obstante, más poderosas de convertirnos en periodistas de nuestra propia vida es llevar un diario.

La triste realidad es que los seres humanos somos criaturas olvidadizas. Incluso me atrevería a decir que somos asombrosamente olvidadizos. ¿No me crees? Puedes poner a prueba esta teoría en este preciso momento intentando recordar lo que cenaste el jueves hace dos semanas. O a qué reuniones asististe el lunes hace tres semanas. Si eres como la mayoría de las personas, te quedarás en blanco. Piensa que un diario es como un dispositivo de almacenamiento para respaldar el imperfecto disco duro de nuestro cerebro. Como alguien me dijo una vez, el lápiz más tenue es mejor que la memoria más fuerte.

Durante los últimos diez años he llevado un diario y, para ello, he usado un método extraño pero efectivo: escribo menos de lo que quisiera. Por lo general, cuando la gente empieza un diario, el primer día escribe varias páginas. El segundo día, la idea de escribir tanto les resulta abrumadora y postergan o abandonan el ejercicio. Así que aplica el principio de «menos pero mejor» al escribir tu diario. Contente de escribir más hasta que llevar el diario se haya convertido en un hábito.

Te sugiero que, cada tres meses aproximadamente, dediques una hora a leer lo que hayas escrito en ese tiempo. Pero no te fijes demasiado en los detalles, como la reunión de presupuestos de hace tres semanas o la cena del jueves pasado. Más bien ve al encuentro de pautas o tendencias. Capta el titular. Busca el título de tu día, de tu semana, de tu vida. Los cambios pequeños y graduales son difíciles de ver en el momento, pero con el tiempo tienen un efecto acumulativo enorme.

Sal a explorar

Jane Chen formaba parte de un equipo de estudiantes de una clase de la escuela de diseño llamada «Diseña para que sea accesible económicamente». Les encomendaron una incubadora para bebés que costara el 1 por ciento de los 20.000 dólares que suelen costar. Según Jane, en los países en vías de desarrollo, «cuatro millones de bebés que nacen bajos de peso mueren en los primeros veintiocho días porque no tienen suficiente grasa para regular su temperatura corporal».[5]

Si el equipo hubiera abordado esto solo como un problema de costos, habrían diseñado una incubadora eléctrica barata, una solución en apariencia razonable pero que no habría logrado afrontar el problema de raíz. En cambio, se tomaron el tiempo necesario para descubrir lo que realmente importaba. Fueron a Nepal para ver el problema en persona. Y averiguaron que el 80 por ciento de los bebés nacían en casa, no en el hospital, en aldeas rurales sin electricidad. Así que el verdadero desafío del equipo era, de pronto, crear algo que no necesitara electricidad en ningún momento. Con esa idea clave, comenzaron a resolver el problema que tenían entre manos. Al final, Jane y tres compañeros más fundaron una asociación sin ánimo de lucro llamada «Acoge» y crearon el «Nido acogedor», el cual funciona con una sustancia similar a la cera que se calienta en agua y luego se coloca en una almohadilla parecida a un saco de dormir que mantiene caliente al bebé durante seis horas o más. Salir y examinar el problema a fondo les sirvió para aclarar el asunto y centrarse en los detalles esenciales que al final les permitieron resolver el problema del mejor modo posible.

Mantén los ojos abiertos en busca de detalles atípicos o poco habituales

Mariam Semaan es una periodista libanesa que ha ganado varios premios. Hace poco recibió la beca de periodismo John S. Knight en la Universidad de Stanford, donde se especializó en innovación en medios y en pensamiento de diseño. Le pedí que compartiera los consejos secretos que ha acumulado en sus años trabajando en captar la verdadera historia entre todo el ruido de la superficie. Su reacción fue alentadora: dijo que encontrar el título e identificar la información esencial son habilidades que se pueden adquirir. Llegar a la esencia de una historia requiere de un profundo conocimiento del tema, su contexto, la manera en que encaja en el contexto y su relación con diversos campos. De modo que ella suele leer todas las noticias relacionadas para tratar de identificar la información que los demás no vieron o en la que no se centraron lo suficiente. «Mi meta —dijo— es entender la "telaraña" de una historia porque eso es lo que me permite identificar cualquier detalle o comportamiento "atípico" o "inusual" que no encaja bien con el curso natural de la historia».

Para Mariam es crucial buscar «una perspectiva diferente en una historia determinada, una perspectiva que puede arrojar luz en el tema de una forma fresca, distinta y estimulante para el pensamiento». Un truco que usa es el juego de roles: se pone en la piel de los personajes principales de la historia con el fin de entender mejor sus motivaciones, razonamientos y puntos de vista.

Aclara la cuestión

Cualquiera que haya visto una entrevista a algún político hábil sabe lo bien entrenados que están quienes se dedican a la política para no responder las preguntas que les hacen. Evadir preguntas difíciles puede resultarnos tentador a todos. A menudo es más fácil contestar de manera vaga y general que reunir los hechos y la información necesarios para dar una respuesta razonada y bien informada. No obstante, la evasión solo nos envía a una espiral no esencial de más vaguedad y desinformación. Aclarar la cuestión es una forma de salir de ese círculo.

Elay Cohen, vicepresidente de Salesforce.com, fue uno de los seis miembros del equipo reunido en una habitación del habitualmente tranquilo hotel Cavallo Point, con vistas al Golden Gate. Durante tres horas competirían contra otros cinco equipos en simulación de negocios. La tarea consistía contestar una serie de preguntas sobre cómo manejarían una serie de hipotéticos problemas de administración. El reloj avanzaba, pero al equipo de Elay le costaba arrancar. Cada respuesta que se proponía generaba nuevas opciones y comentarios; pronto, lo que debía ser un simple ejercicio de resolución de problemas se había convertido en un debate desordenado y apresurado. Yo estaba ahí para observar y asesorar al equipo, y al cabo de quince minutos de esa dinámica tuve que pedirles que se detuvieran. «¿Qué pregunta estáis tratando de responder?», les dije. Todos hicieron una pausa con incomodidad. Nadie sabía qué contestar. Entonces, alguien hizo un comentario sobre otra cosa y, de nuevo, el grupo se salió por la tangente.

Volví a intervenir e hice la pregunta otra vez. Y otra vez. Al final, el equipo se detuvo y realmente pensó en qué metas estaban tratando de alcanzar y en qué decisiones eran necesarias para lograr dichas metas. Dejaron las conversaciones tangenciales. Revisaron todas las ideas y opiniones que habían descartado al azar, buscando los temas escondidos y las grandes ideas que las conectaban. Luego, por fin, pasaron de la confusión al movimiento. Establecieron un plan de acción, tomaron las decisiones necesarias y dividieron las responsabilidades. El equipo de Elay ganó por un margen enorme.

7

Juega

Abraza la sabiduría de tu niño interior

> Alguna tontería de vez en cuando es algo que valoran los hombres más sabios.
>
> Roald Dahl

Al final del musical *Mary Poppins*, el gruñón y amargado señor Banks regresa a casa tras ser «despedido y echado a la calle». No obstante, parece extrañamente encantado, tan encantado que uno de los sirvientes concluye que «se ha vuelto loco», e incluso su hijo comenta que «no habla como papá». De hecho, el señor Banks es casi una nueva persona cuando les da a sus hijos su cometa arreglada y se lanza a cantar «Vamos a volar». Liberado del terrible tedio de su trabajo en el banco, de repente, el niño interior de Banks vuelve a la vida. El efecto de su buen humor es magnífico, levanta el ánimo de toda la casa e infunde alegría, camaradería y júbilo a la antes melancólica familia Banks. Sí, es un cuento, pero ilustra los poderosos efectos de volver a incluir el juego en nuestra vida cotidiana.

A la mayoría de nosotros no nos enseñaron formalmente a jugar cuando éramos pequeños; lo aprendimos de manera natural e instintiva. Piensa en la alegría absoluta de un bebé recién nacido mientras su madre juega con él a «dónde está el bebé». Piensa en un grupo de niños que dan rienda suelta a su imaginación jugando juntos. Imagina a un niño en el estado que Mihaly Csikszentmihalyi llama «flujo» cuando construye su propio reino en miniatura con un montón de cajas viejas de cartón.[1] Sin embargo, a medida que vamos creciendo, algo sucede. Nos presentan la idea de que el juego es trivial. Jugar es una pérdida de tiempo. Jugar es innecesario. Jugar es infantil. Por desgracia, muchos de esos mensajes negativos se mandan justo desde el lugar en el que el juego imaginativo debería ser más fomentado en vez de reprimido.

La palabra «escuela» proviene del griego *skolé*, que significa «esparcimiento». No obstante, nuestro sistema escolar moderno, que nació en la Revolución industrial, ha eliminado el esparcimiento —y gran parte del placer— del aprendizaje. Sir Ken Robinson, quien hizo del estudio de la creatividad en las escuelas el trabajo de su vida, ha observado que, en vez de infundir creatividad a través del juego, las escuelas en realidad pueden matarla: «Nos hemos vendido a un modelo educativo como el de la comida rápida, que empobrece nuestro espíritu y nuestras energías tanto como la comida rápida nuestros cuerpos. [...] La imaginación es la fuente de todos los logros humanos. Y es lo único que creo que estamos poniendo en riesgo de manera sistemática en la forma en que educamos a nuestros hijos y a nosotros mismos».[2] En eso tiene razón.

Esa idea de que el juego es trivial se queda con nosotros hasta que somos adultos y se arraiga más en cuanto entramos en el mercado laboral. Tristemente, no solo muy pocas empresas y organizaciones fomentan el juego, sino que muchas lo desalientan sin querer. Es cierto, algunas empresas y algunos ejecutivos reconocen de manera superficial el valor que tiene el juego para encender la chispa de la creatividad, no obstante, la mayoría sigue sin crear una cultura del juego que estimule la verdadera exploración.

Nada de esto debería sorprendernos. Las corporaciones modernas nacieron de la Revolución industrial, cuando toda su razón de ser era lograr la eficiencia en la producción masiva de bienes. Además, esos primeros gerentes volvieron los ojos al ejército —una entidad nada juguetona— en busca de inspiración. Hoy en día seguimos diciendo que los empleados están en primera línea y usando el término «compañía», que se refiere a una unidad militar. Aunque la era industrial quedó bastante lejos, esas costumbres, estructuras y sistemas siguen prevaleciendo en las empresas modernas.

El juego —que definiría como cualquier cosa que hacemos por gusto y no como el medio para un fin—, sea volar una cometa, sea escuchar música, sea lanzar una pelota de béisbol, puede parecer una actividad no esencial. Con frecuencia se lo trata como si lo fuera, pero, en realidad, el juego es esencial de muchas maneras. Stuart Brown, el fundador del Instituto Nacional del Juego, ha estudiado las denominadas «historias de juego» de aproximadamente seis mil individuos y ha concluido que el juego tiene el poder de mejorar cualquier cosa de manera significativa, desde la salud personal hasta las relaciones, la educación o la capacidad de innovación de las empresas. «El juego —dice— favorece un cerebro más plástico, adaptable y creativo». Según Brown, «Nada enciende el cerebro como el juego».[3]

No esencialista	**Esencialista**
Piensa que el juego es trivial.	Sabe que el juego es esencial.
Piensa que el juego es una pérdida de tiempo improductiva.	Sabe que el juego genera exploración.

Una mente invitada a jugar

No es posible exagerar el valor que tiene el juego en nuestra vida. Algunos estudios sobre el reino animal revelan que el juego es tan crucial para el desarrollo de las habilidades cognitivas que incluso puede influir en la supervivencia de una especie. El investigador Bob Fagan, que ha pasado quince años estudiando el comportamiento de los osos pardos, descubrió que los osos que jugaban más tendían a sobrevivir durante más tiempo. Cuando le pregunté por qué, explicó: «En un mundo que continuamente presenta ambigüedades y desafíos diferentes, el juego prepara a esos osos para los cambios que sufre el planeta».[4]

Jaak Panksepp, concluyó algo similar en *Affective Neuroscience: The Foundations of Human and Animal Emotions* [Neurociencia afectiva. Los cimientos de las emociones humanas y animales], en el que escribió: «Una cosa es segura: durante el juego, los animales son especialmente propensos a comportarse de maneras flexibles y creativas».[5]

No obstante, escribe Stuart Brown, de todas las especies, los seres humanos son los mejores jugadores. Estamos hechos para jugar y nos formamos a través del juego. Cuando jugamos, nos encontramos en la expresión más pura de nuestra humanidad, en la expresión más verdadera de nuestra individualidad. ¿Acaso sorprende que a menudo los momentos en que nos sentimos más vivos, los que generan nuestros mejores recuerdos, sean los ratos de juego?

El juego expande nuestra mente de tal forma que nos permite explorar: hacer que germinen nuevas ideas o ver las viejas con una nueva luz. Nos lleva a ser más inquisitivos, a sintonizarnos mejor con lo nuevo, a estar más comprometidos. Jugar es fundamental para vivir el camino del esencialista porque alimenta la exploración por lo menos de tres maneras específicas.

En primer lugar, el juego amplía el rango de opciones disponibles. Nos ayuda a ver posibilidades que de otro modo no habríamos visto y a hacer conexiones que de otra manera no habríamos hecho. Abre nuestra mente y expande nuestra perspectiva. Nos incita a desafiar viejas suposiciones y nos vuelve más receptivos a ideas que no hemos probado. Nos da permiso para expandir nuestro propio flujo de conciencia y crear nuevas historias. O como dijo una vez Albert Einstein, «Cuando me examino a mí y a mis métodos de pensamiento, llego a la conclusión de que el don de la fantasía ha significado más para mí que el talento para absorber el conocimiento positivo».[6]

En segundo lugar, el juego actúa como antídoto del estrés, y esto es clave porque el estrés, además de ser un enemigo de la productividad, puede apagar las partes creativas, inquisitivas y exploratorias del cerebro. Sabes lo que se siente: estás estresado por el trabajo y de repente todo comienza a salir mal. No encuentras las llaves, tropiezas con las cosas cada dos por tres, se te olvida un informe muy importante en la mesa de la cocina. Algunos descubrimientos recientes sugieren que esto se debe a que el estrés incrementa la actividad en la parte del cerebro que controla las emociones (la amígdala), mientras que reduce la actividad en la parte responsable de la función cognitiva (el hipocampo),[7] y, como resultado, no logramos pensar con claridad.

He visto con mis hijos cómo el juego revierte estos efectos. Cuando están estresados y las cosas se descontrolan, los pongo a dibujar. El cambio es casi inmediato. El estrés se diluye y recuperan la habilidad de explorar.

En tercer lugar, según explica Edward M. Hallowell, psiquiatra especialista en neurociencia, «Las funciones ejecutivas del cerebro incluyen planear, priorizar, organizar, anticipar, delegar, decidir, analizar; en pocas palabras, la mayoría de las habilidades que cualquier ejecutivo debe dominar para sobresalir en los negocios».[8]

El juego estimula las partes del cerebro que están involucradas tanto en el razonamiento lógico y cuidadoso como en la exploración despreocupada y sin límites. Dicho esto, no debería sorprender que muchas revelaciones fundamentales del pensamiento hayan tenido lugar en momentos de juego. Hallowell escribe: «Colón estaba jugando cuando lo iluminó la idea de que el mundo era redondo. Newton estaba jugando mentalmente cuando vio el manzano y de pronto concibió la fuerza de gravedad.

Watson y Crick estaban jugando con posibles formas de la molécula de ADN cuando se toparon con la doble hélice. Shakespeare jugó con el pentámetro yámbico toda su vida. Mozart prácticamente no pasaba un solo momento sin jugar. Los experimentos mentales de Einstein son ejemplos brillantes de la mente invitada a jugar».[9]

Sobre el trabajo y el juego

Algunas empresas innovadoras por fin se están dando cuenta de los valores esenciales del juego. Dick Costolo, director ejecutivo de Twitter, fomenta el juego por medio de la comedia y propuso una clase de improvisación en la empresa. Como excomediante, sabe que la improvisación obliga a las personas a abrir la mente y a pensar con mayor flexibilidad, de manera original y creativa.

Otras empresas fomentan el juego mediante su espacio físico. En IDEO se celebran reuniones dentro de un microbús. En los pasillos de Google es probable que te tropieces con un enorme dinosaurio cubierto de flamencos rosas (es solo un ejemplo de muchos). En los estudios de Pixar, las «oficinas» de los artistas están decoradas de muchas maneras distintas, y pueden parecer desde una cantina del lejano oeste hasta una cabaña de madera (la que más me impresionó cuando fui fue la que estaba tapizada del techo al suelo con miles de figuras de *Star Wars*).

Una triunfadora mujer a la que conocí en una editorial tenía un Easy Button™ de Staples en su escritorio. Cada vez que alguien salía de su oficina, disfrutaba con esa persona de la ingenua alegría de darle al botón rojo con la palma de la mano, lo cual hacía que una voz grabada anunciara ruidosamente a toda la planta: «¡Fue fácil!». Y otra mujer de la misma empresa tenía colgado en el despacho una ilustración de un libro infantil para recordar el placer de la lectura en la infancia.

Juguetes para el escritorio, dinosaurios cubiertos de flamencos y oficinas llenas de muñecos quizá les parezcan a algunos una diversión trivial, pero la cuestión es que pueden ser exactamente lo contrario. Estas iniciativas desafían la lógica de los no esencialistas que considera el juego trivial y celebran el juego como un motor vital de la creatividad y la exploración.

El juego no solo nos ayuda a explorar lo que es esencial. Es esencial en sí mismo.

Así que, ¿cómo podemos introducir más juegos en nuestro lugar de trabajo y en nuestra vida? En su libro, Brown incluye un manual básico para ayudar a los lectores a volverse a conectar con el juego. ¿Qué era lo que te emocionaba hacer de pequeño? ¿Cómo puedes recrearlo hoy?

8
Duerme
Protege los activos

> Todas las noches, cuando me acuesto, muero. Y a la mañana siguiente, cuando despierto, vuelvo a nacer.
>
> MAHATMA GANDHI

Geoff se sentó en la cama, con un ataque de pánico. Se sentía como si una bomba hubiera explotado dentro de su cabeza. Estaba sudando y desconcertado. Escuchó con mucha atención. ¿Qué había sucedido? Todo estaba silencioso. Tal vez le había sentado mal algo que había comido. Intentó volverse a dormir.

La noche siguiente pasó lo mismo. Unos días después le ocurrió en pleno día. Acababa de regresar de la India y al principio pensó que podía ser una reacción a la medicina contra la malaria que estaba tomando combinada con el Benadryl que le ayudaba a dormir cuando sufría *jet lag*. Sin embargo, a medida que su situación empeoraba, descubrió que su enfermedad era más complicada, como si tuviera ataques de ansiedad, pero sin ninguna ansiedad, solo con los síntomas físicos.

Geoff era un caso típico de triunfador con un profundo deseo de pasar a la historia (para dar un poco de contexto en este sentido, su abuelo fue uno de los primeros administradores del Cuerpo de Paz). Era muy ambicioso, tenía una fuerte motivación y estaba comprometido a hacer algo importante para el mundo: formaba parte de la junta directiva de Kiva, lo habían nombrado Empresario Ernst and Young del año y Joven Líder Global del Foro Económico Mundial, era cofundador de un fondo de inversión muy influyente y director ejecutivo de una empresa global de microcréditos que estaba llegando a más de doce millones de familias pobres en todo el mundo. Tenía treinta y seis años y estaba en la cima de su carrera.

Geoff viajaba con frecuencia, lo cual a menudo le impedía dormir bien. Su empresa estaba en Seattle, pero tenía oficinas en San Francisco, la India y Kenia. Solía volar a Londres para asistir a reuniones, luego a la India, donde visitaba cinco ciudades distintas en seis días, a Ginebra, donde se reunía durante horas con inversionistas, y después de regreso a Seattle por un día y medio. En tres años, se pasó del 60 al 70 por ciento del tiempo viajando. Dormía de media unas seis horas por noche.

Sin embargo, a los treinta y seis años, su ritmo de trabajo estaba empezando a poner en riesgo su salud y su capacidad de rendimiento. Lo que había comenzado en forma de ataques nocturnos empeoró. Uno por uno, los órganos comenzaron a fallarle. El ritmo cardiaco era irregular. Le resultaba doloroso permanecer de pie. Licuaba la comida porque no podía digerirla. Tenía la presión tan baja que se desmayaba si se levantaba demasiado rápido. Estuvo en urgencias dos veces. Se decía que bajaría el ritmo después del siguiente trato y luego decía que al siguiente y al siguiente. No lo hizo, por supuesto. Estaba seguro de que si seguía trabajando, podría salir de aquello. No quería hacer las concesiones que implicaba bajar el ritmo. Pero pronto esto le pasó factura: se veía obligado a cancelar reuniones en el último minuto porque se encontraba demasiado débil para asistir o su confundido cerebro le arruinaba el discurso que estaba dando. Comenzó a preguntarse si no estaría perjudicando más que beneficiando a la empresa, y sin duda así era.

Al final, con un diagnóstico claro, su médico le dio dos opciones: tomar medicamentos el resto de su vida para afrontar los síntomas o desconectarse de todo durante uno o dos años para tratar su enfermedad y recuperarse. Al principio, Geoff no aceptó esta concesión. Era un competitivo triatleta y pensaba que podía seguir la misma lógica que con una torcedura de tobillo o un desgarre de hombro. Con arrogancia, le dijo al médico que se tomaría unos meses de descanso y que volvería en plena forma: «¡Ya verá! ¡Ya verá!».

Se tomó dos meses sabáticos y, ante su sorpresa, colapsó por completo. ¡Dormía catorce horas por noche! Luego descansaba todo el día. Algunos días ni siquiera era capaz de levantarse de la cama. No pudo hacer nada durante seis semanas. Regresó al médico con el rabo entre las piernas y reconoció que recuperarse le iba a tomar más que un par de meses.

Fiel a su palabra, se deshizo de todo lo que estaba generando estrés en su vida. Renunció a las juntas directivas y decidió dejar también su empresa. Dijo: «La decisión de soltar fue muy muy difícil. Salí de la junta de directores con lágrimas en los ojos, y le dije a mi esposa: "¡No es así como quería dejar a mi bebé!"».

Se organizó una vida dedicada a la regeneración y a la recuperación mientras seguía el tratamiento. Cambió de dieta. Se fue al sur de Francia con su familia durante un año. El tratamiento y el cambio de clima y de estilo de vida funcionaron. Con una nueva mentalidad, comenzó a pensar en lo que había aprendido de la experiencia.

Dos años y medio después, Geoff estaba en Tanzania en un evento de Jóvenes Líderes Globales del Foro Económico Mundial. Una noche de micrófono abierto con el grupo de doscientos exitosos colegas, quienes conocían su historia lo animaron a que contara lo que había aprendido.

Emocionado, les dijo que había pagado un precio muy alto por aprender una lección simple, esencial: «Hay que proteger los activos».

Proteger los activos

El mejor activo que tenemos para aportar algo al mundo somos nosotros mismos. Si no invertimos lo suficiente en nosotros mismos, y con eso me refiero a nuestra mente, cuerpo y espíritu, estropearemos la herramienta que necesitamos para hacer nuestra mayor aportación. Una de las formas más comunes que tiene la gente —en especial la gente ambiciosa y triunfadora— de estropear este activo es la falta de sueño.

Si dejamos que los instintos del tipo A tomen las riendas, como Geoff, seremos tragados por completo. Nos desgastaremos muy pronto. Debemos tener una estrategia para nosotros mismos, tal como la tenemos para nuestras carreras y nuestros negocios. Es preciso bajar el ritmo, consentirnos y darnos combustible para explorar, prosperar y realizar.

En las muchas horas que Geoff pasó descansando descubrió una interesante paradoja en su búsqueda del éxito: a una personalidad del tipo A no le cuesta esforzarse en exceso. ¡Esforzarse al máximo es fácil! El verdadero desafío para una persona que disfruta de los desafíos es no trabajar duro. Geoff explica lo siguiente a las personas ambiciosas y triunfadoras: «Si crees que eres tan duro que puedes hacerlo todo, te propongo un reto: puesto que quieres hacer algo realmente duro, rechaza una oportunidad para poder echarte la siesta».

Cuando tenía veintiún años, yo también pensaba que dormir era algo que se podía evitar. En mi opinión, era un mal necesario: la forma de perder un tiempo que de otro modo se podía invertir de una manera productiva, algo para los débiles o para quienes tenían poca voluntad. La idea de ser sobrehumano y dormir solo unas cuantas horas por noche era embriagadora. Incluso experimenté algunas vías bastante drásticas y poco convencionales para tratar de reducir las horas de sueño. Después de leer un estudio sobre el sueño, en el que a algunos participantes les pedían que durmieran solo veinte minutos cada cuatro horas, lo intenté. Por un tiempo fue soportable, pero pronto descubrí que, aunque técnicamente podías sobrevivir con ese horario de sueño, tenía sus desventajas. Por ejemplo, a pesar de que en teoría estaba despierto, mi cerebro apenas funcionaba. Me costaba más pensar, planear, priorizar o ver el panorama general. Era difícil tomar decisiones o hacer elecciones, y resultaba casi imposible distinguir lo esencial de lo trivial.

Esto pronto se volvió insostenible, pero de todas maneras seguía decidido a que cuanto menos durmiera, más podría lograr. Así que adopté la nueva táctica de no dormir una noche a la semana. No resultó mucho mejor. Luego, mi esposa, a quien no le hacía gracia esta práctica, me dio un artículo que cambió por completo mi manera de dormir. El texto cuestionaba la idea de que el sueño es un enemigo de la productividad y argumentaba de manera muy convincente que, en realidad, el sueño es el motor de un desempeño excelente. Recuerdo que el artículo citaba a directivos de negocios muy importantes que alardeaban de dormir ocho horas completas. También tengo presente una cita de Bill Clinton en la que decía que el mayor error de su vida había sido resultado de la falta de sueño. Desde entonces he procurado dormir ocho horas todas las noches.

¿Y tú qué? Piensa en la semana pasada. ¿Dormiste menos de siete horas alguna noche? ¿Dormiste menos de siete horas varias noches seguidas? ¿Te descubriste diciendo o pensando con orgullo: «Yo no. Yo no necesito ocho horas de sueño. Puedo sobrevivir sin ningún problema durmiendo cuatro o cinco horas»? (Si eso es lo que pensaste al leer esto, sacarás mucho provecho de este capítulo). Bueno, aunque obviamente hay personas que pueden sobrevivir con menos horas de sueño, he descubierto que la mayoría de ellas se han acostumbrado tanto a estar cansadas que han olvidado cómo es sentirse bien descansadas.

El camino del no esencialismo es considerar el sueño una carga más en nuestra vida ya de por sí demasiado ajetreada, comprometida, ocupada y no siempre productiva. En cambio, los esencialistas ven el sueño como algo necesario para poder funcionar con un alto nivel de rendimiento la mayor parte del tiempo. Por esta razón, de manera sistemática y deliberada, se reservan en la agenda las horas precisas para dormir con el fin de poder hacer más, lograr más y explorar más. Al «proteger sus activos», son capaces de seguir su vida cotidiana con una reserva de energía, creatividad y capacidad para resolver problemas a la que pueden recurrir cuando les hace falta, a diferencia de los no esencialistas, que nunca saben cuándo y dónde se verán secuestrados por su propio cansancio.

Los esencialistas optan por hacer una cosa menos en este momento para poder hacer más mañana. Sí, es una concesión. Pero, acumulativamente, esta pequeña concesión puede generar enormes recompensas.

No esencialista	**Esencialista**
PIENSA:	**SABE:**
Una hora menos de sueño es igual a una hora más de productividad.	Una hora más de sueño es igual a varias horas de mucha mayor productividad.
Dormir es para fracasados.	Dormir es para personas de alto rendimiento.
Dormir es un lujo.	Dormir es una prioridad.
Dormir genera holgazanería.	Dormir genera creatividad.
Dormir se interpone en el camino de «hacerlo todo».	Dormir permite los niveles más altos de rendimiento mental.

Adiós al estigma del sueño

Entonces, si «proteger los activos» es tan importante, ¿por qué renunciamos con tanta facilidad a nuestro preciado sueño? En cuanto a las personas exitosas, en parte puede ser simplemente porque se adhieren a la falsa creencia, como hice yo, de que si duermen menos van a lograr más. No obstante, hay muchas razones para desafiar esta suposición, como las investigaciones, cada vez más numerosas, que demuestran que una buena noche de sueño en realidad nos hace ser más productivos, y no menos.

En el famoso estudio sobre violinistas de K. Anders Ericsson, popularizado por Malcolm Gladwell como «la regla de las diez mil horas», se descubrió que los mejores violinistas pasaban más tiempo practicando que los que solo eran buenos estudiantes.[1] Los descubrimientos de Anders apoyan la lógica esencialista al demostrar que la maestría requiere un esfuerzo enfocado y deliberado, y resulta alentador saber que la excelencia está en nuestra esfera de influencia y no es una bendición otorgada solo a los más talentosos. Sin embargo, esto también corre el riesgo de fomentar la mentalidad no esencialista de «tengo que hacerlo todo», el dañino mito que puede llevar a la gente a justificar cada vez más y más horas de trabajo, con cada vez menos ganancias.

Esto es así hasta que nos fijamos en un descubrimiento menos conocido de ese mismo estudio: el segundo factor más importante que distingue a los mejores violinistas de los buenos violinistas es dormir. Los mejores violinistas dormían un promedio de 8,6 horas en cada periodo de veinticuatro horas: más o menos una hora más que el estadounidense medio. Además, pasaban 2,8 horas a la semana echándose la siesta por la tarde, unas dos horas más que la media. Dormir, concluyeron los autores del estudio, les permitía a esos excelentes músicos regenerarse para poder practicar con mayor concentración. De modo que sí, aunque practicaban más, también sacaban más provecho de esas horas de práctica porque estaban más descansados.

En un artículo de la *Harvard Business Review* titulado «Déficit de sueño: el asesino del rendimiento», Charles A. Czeisler, profesor de medicina del sueño en la Escuela de Medicina de Harvard, explica de qué manera la privación de sueño socava el alto rendimiento. Él equipara el déficit de sueño con beber demasiado alcohol y revela que no dormir en toda la noche (es decir, pasar veinticuatro horas sin dormir) o dormir solo de cuatro a cinco horas por noche durante una semana induce una disfunción equivalente a un nivel de alcohol del 0,1 por ciento. Piensa que nunca diríamos: «¡Fulano es un gran trabajador! ¡Está borracho todo el tiempo!». No obstante, «seguimos celebrando a las personas que sacrifican dormir en aras del trabajo».[2]

Aunque dormir a menudo se asocia con darle descanso al cuerpo, algunas investigaciones recientes demuestran que el sueño en realidad tiene que ver con el cerebro. De hecho, un estudio de la Universidad de Luebeck, en Alemania, muestra que una noche completa de sueño puede aumentar el poder del cerebro y mejorar nuestra capacidad para resolver problemas.

En el estudio, del que se informa en la revista *Nature*, a más de cien voluntarios les dieron un acertijo numérico con un giro poco convencional; se necesitaba encontrar un «código escondido» para revelar la respuesta.[3] Los voluntarios estaban divididos en dos grupos; a uno se le permitió dormir ocho horas sin interrupción y el otro tuvo un sueño interrumpido. Luego, los científicos observaron qué voluntarios descubrían el código escondido y cuánto tardaban en hacerlo. El resultado fue que los participantes que habían dormido ocho horas y que habían resuelto el problema fueron el doble de los que estuvieron privados de sueño. ¿Por qué? Los investigadores explicaron que, mientras dormimos, el cerebro trabaja duro por descodificar y reestructurar la información. En consecuencia, cuando despertamos, el cerebro puede haber hecho nuevas conexiones neuronales, ampliando así el rango de soluciones para los problemas, literalmente mientras dormimos.

Una buena noticia tanto para los tempraneros como para los desvelados: la ciencia demuestra que hasta una siesta puede incrementar la creatividad. Por citar solo un ejemplo, un informe de las *Actas de la Academia Nacional de Ciencias* reveló que incluso un solo ciclo de REM (movimiento ocular rápido) mejoraba la integración de la información que aún no había sido asociada. En otras palabras, el sueño, aunque sea breve, nos ayuda a hacer el tipo de nuevas conexiones que nos permiten explorar mejor el mundo.

En resumen, dormir es lo que nos permite funcionar rindiendo al máximo, de tal manera que podamos lograr más en menos tiempo. Aunque sigue habiendo una cultura del machismo en lo que respecta a no dormir, por suerte el estigma se está diluyendo, en parte, gracias a unas cuantas personas de alto rendimiento que se encuentran en ámbitos que por lo general solían celebrar pasar la noche en vela trabajando y que han presumido en público de dormir ocho horas. Esas personas, muchas de las cuales son verdaderos esencialistas, saben que los hábitos de sueño saludables les dan una enorme ventaja competitiva, y tienen razón.

Jeff Bezos, el fundador de Amazon, es uno de ellos. Afirma lo siguiente: «Estoy más alerta y pienso con mayor claridad. Me siento mucho mejor todo el día si he dormido ocho horas». Mark Andreessen, cofundador de Netscape, que solía restringir el sueño quedándose en vela hasta la madrugada y levantándose, no obstante, a las 7 de la mañana, es otro. Al respecto, comenta: «Me pasaba todo el día deseando poder ir a casa y volver a la cama». Ahora, en cuanto a las horas de sueño, dice: «Siete [horas] y me empiezo a sentir mal. Seis está por debajo del nivel óptimo. Cinco es un gran problema. Cuatro significa que soy un zombi». Los fines de semana duerme más de doce horas. «Es muy importante para mi capacidad de funcionar», dice.

Esos ejecutivos son citados en un artículo titulado «Sleep Is the New Status Symbol For Successful Entrepreneurs» [«Dormir es el nuevo símbolo de estatus de los empresarios exitosos»].[4] Nancy Jeffrey, del *Wall Street Journal*, escribe: «Es oficial. Dormir, ese producto poco común en un país con tanto estrés como Estados Unidos, es el nuevo símbolo de estatus. Antes considerado un defecto de debiluchos (las mismas personas exitosas de los ochenta que decían "almorzar es para perdedores" también creían que "dormir es para idiotas"), ahora dormir se considera el compañero restaurativo de la mente creativa del ejecutivo». A esto podemos añadir que también es el compañero restaurativo de la perceptiva mente esencialista.

En otro artículo del *New York Times*, Erin Callan, ex directora de finanzas de Lehman Brothers, cuenta la historia de cuando «en una fiesta de la oficina, en 2005, una de mis colegas le preguntó al que entonces era mi marido qué hacía yo los fines de semana. Ella me consideraba una persona intensa y llena de energía. "¿Hace kayak, escala y luego corre medio maratón?", comentó en broma. "No. Duerme.", se limitó él a responder. Y era cierto. Cuando no estaba poniéndome al corriente con el trabajo, pasaba el fin de semana recargando las baterías para la semana siguiente».[5]

Así que, en caso de que en el lugar donde trabajas siga existiendo el estigma del sueño, piensa en desarrollar una iniciativa para fomentar el sueño de manera explícita. Si esto te parece demasiado radical, reflexiona sobre el potencial que tienen los numerosos beneficios de dormir (más creatividad, mayor productividad e incluso menores costos por servicios de salud) para afectar directamente el resultado. Con esta perspectiva, no será tan difícil animar a tu jefe o al departamento de personal a desarrollar una política (después de todo, muchas empresas tienen políticas sobre el consumo de alcohol y, como hemos visto, el paralelo entre la forma en que el alcohol y la privación de sueño afectan el desempeño es real). Por ejemplo, Charles Czeisler ha propuesto en Harvard la política de que ningún empleado vaya conduciendo su coche al trabajo después de un vuelo nocturno, y otras empresas permiten a los empleados llegar tarde después de haberse quedado más horas la noche anterior. Empresas y directivos como esos saben que «proteger sus activos» es una responsabilidad fiduciaria.

Con motivo de la investigación para un libro, hace poco fui a Google a echarme una siesta en sus famosas cápsulas para dormir. Era una cápsula espacial blanca (como la que imaginarías ver en el programa de televisión de los setenta *Mork & Mindy*), de unos seis metros cuadrados, lo bastante grande como para poder acostarte pero no completamente plana. Tenía una tapa con forma de domo que ocultaba la mayor parte de mi cuerpo, aunque no todo, razón por la cual al principio me sentía un poco incómodo y me preguntaba si conseguiría quedarme dormido. Treinta minutos después, cuando la cápsula vibró con suavidad para avisarme de que mi sesión había terminado, tuve la respuesta.

Al despertarme de la siesta me di cuenta de lo mucho que la necesitaba. Me sentía más despejado, más centrado, más alerta.

Para usar las cápsulas de Google tienes que apuntarte en un calendario. ¿Cuántas personas las habían usado la semana que estuve ahí?, me pregunté. De las cincuenta personas que trabajan en el piso donde están ubicadas, imaginé que por lo menos del 10 al 20 por ciento. Estaba equivocado. Según el calendario, una sola persona había aprovechado la oportunidad de recargar el cerebro y el cuerpo con treinta minutos de siesta al mediodía. No obstante, la presencia misma de la cápsula es importante para que los empleados sepan que dormir es una prioridad.

La prioridad: proteger nuestra capacidad de priorizar.

En esta sección del libro hemos hablado de cómo explorar y evaluar opciones para distinguir las pocas cosas esenciales de las muchas triviales, mediocres o incluso buenas. Por definición, es un proceso que consiste en priorizar. Implica el desafío de filtrar opciones que, a primera vista, parecen todas importantes. No obstante, como plantea la lógica del esencialista, en realidad solo hay unas cuantas cosas de valor excepcional, y casi todo lo demás es mucho menos importante. El problema de la falta de sueño es que pone en riesgo nuestra capacidad de distinguirlas y, por tanto, afecta nuestra preciada capacidad de establecer prioridades.

Dormir mejorará tu capacidad de explorar, hacer conexiones y hacer menos pero mejor mientras estás despierto.

9

Selecciona

El poder de tener criterios extremos

Un proceso interno necesita criterios externos.

LUDWIG WITTGENSTEIN

En «No More Yes. It's Either HELL YEAH! or No» [«No más "Sí". O es "¡Claro que sí!" o es "No"»], Derek Sivers, el popular orador de las charlas TED, describe una sencilla técnica para volvernos más selectivos respecto a las elecciones que hacemos. La clave es someter la decisión a una prueba extrema: si estamos total y absolutamente convencidos de hacer algo, entonces decimos que sí al estilo de Derek. Cualquier cosa menos entusiasta recibe un pulgar hacia abajo. O, como me dijo una vez un ejecutivo de Twitter, «Si la respuesta no es un sí definitivo, debería ser un no». Esto resume un principio básico del Esencialismo fundamental para el proceso de exploración.[1]

Derek ha aplicado este principio a su vida. Si ninguno de los candidatos a los que entrevistaba para un empleo lo dejaba fascinado, les decía que no a todos. Al final, encontraba a la persona adecuada. Cuando se dio cuenta de que había aceptado impartir varias conferencias por todo el mundo que en realidad no le entusiasmaban, decidió quedarse en casa y no dar ninguna, y, a cambio, ganó doce días que dedicó a cosas más productivas. Cuando estaba tratando de decidir dónde vivir, descartó lugares que parecían muy buenos (Sídney y Vancouver) hasta que visitó Nueva York y supo de inmediato que era el lugar adecuado para él.

Piensa otra vez en lo que sucede con nuestro armario cuando usamos el criterio más laxo y preguntamos «¿Es posible que me ponga esto alguna vez?». El armario se llena de ropa que usamos muy poco. Pero si preguntamos «¿Esto me encanta?», seremos capaces de eliminar la acumulación y ganar espacio para algo mejor. Podemos hacer lo mismo con otras elecciones, sean grandes o pequeñas, significativas o triviales, en todas las áreas de nuestra vida.

La regla del 90 por ciento

Hace poco, un colega y yo estábamos trabajando para seleccionar a veinticuatro personas de un grupo de casi cien que habían solicitado asistir a nuestra clase «Cómo diseñar la vida de manera esencial». Primero identificamos una serie de criterios mínimos como: «Puede asistir a todas las clases». Luego fijamos una serie de atributos ideales como: «Está listo para una experiencia que transformará su vida». Usando esos criterios, evaluamos a cada candidato con una puntuación del uno al diez. Los que tenían nueve o diez puntos pasaban sin más. Los de siete quedaban fuera automáticamente. Me tocó a mí la nada envidiable tarea de evaluar a los candidatos dudosos: los que habían sacado siete u ocho. Mientras me esforzaba por determinar cuáles de esos candidatos serían lo suficientemente buenos, pensaba: si algo (o en este caso alguien) es solo apenas o casi lo suficientemente bueno, es decir, valorado con un siete o un ocho, entonces, la respuesta debería ser no. Fue muy liberador.

Piensa en esto como «la regla del 90 por ciento», una regla que puedes aplicar a casi todas las decisiones o dilemas. Cuando evalúes una opción, determina el criterio fundamental en que se basa la decisión y, luego puntúa la opción con un valor entre cero y cien. Si la evaluaste en menos del 90 por ciento, redúcele automáticamente la puntuación a cero y recházala. De esta manera impides que te atrape la indecisión, o evitas quedarte atascado en algo que solo tiene sesenta o setenta puntos, lo que sería peor aún. Piensa en cómo te sentirías si sacaras un sesenta y cinco en un examen. ¿Por qué sentirte así con respecto a una decisión importante de tu vida?

Dominar esta habilidad esencialista, quizá más que cualquiera de las otras de esta sección, exige estar pendientes para reconocer la necesidad de sacrificar algo. Por definición, aplicar criterios muy selectivos es sacrificar algo; a veces tendrás que rechazar algo que aparentemente es una buena opción y tener fe en que la opción perfecta aparecerá pronto. En algunas ocasiones será así y en otras, no, pero la cuestión es que el acto mismo de aplicar criterios selectivos te obliga a elegir qué opción perfecta esperar, en lugar de dejar que otras personas, o el universo, elijan por ti. Como cualquier habilidad esencialista, te obliga a tomar decisiones intencionadas, no porque sí.

Los beneficios de esta actitud ultraselectiva en la toma decisiones en todas las áreas de nuestra vida deberían ser claros: cuando nuestros criterios de selección son demasiado amplios nos comprometemos con demasiadas opciones. Es más, asignar unos simples valores numéricos a las opciones nos hace tomar decisiones de manera consciente, lógica y racional, en lugar de hacerlo de un modo impulsivo y emocional. Sí, se requiere disciplina para aplicar criterios estrictos, pero no hacerlo conlleva un costo mayor.

Los no esencialistas aplican criterios implícitos o tácitos a las decisiones que toman tanto en su vida personal como en su vida profesional. Por ejemplo, al decidir qué proyecto emprender en el trabajo, un no esencialista puede dejarse llevar por este criterio implícito: «Si mi jefe me pide que lo haga, tengo que hacerlo». Incluso puede seguir un criterio más abierto: «Si alguien me pide que haga algo, debería intentar hacerlo». U otro todavía más laxo: «Si otras personas de la empresa lo están haciendo, yo debería estarlo haciendo». En la era de las redes sociales, en la que estamos mucho más enterados de lo que otras personas hacen, este criterio puede generar una carga especialmente grave al ampliar todas las actividades no esenciales que «deberíamos» estar haciendo.

No esencialista	Esencialista
Dice que sí a casi cualquier petición u oportunidad.	Dice que sí solo al 10 por ciento de las mejores oportunidades.
Sigue criterios abiertos e implícitos, como «Si alguien lo está haciendo, yo también debería hacerlo».	Usa criterios acotados y explícitos, como «¿Es esto exactamente lo que estoy buscando?».

Un equipo de ejecutivos con los que trabajé una vez tenía definidos tres criterios para decidir qué proyectos aceptar. Pero, con el tiempo, se habían vuelto cada vez más indiscriminados y, al final, los proyectos de la empresa parecían tener en común únicamente el criterio de que un cliente lo había solicitado. Como resultado, la moral del equipo estaba por los suelos; no solo porque los ejecutivos trabajaban en exceso y estaban abrumados por haber aceptado demasiadas cosas, sino también porque ningún proyecto parecía justificarse y no tenían un propósito claro. Peor aún, les resultaba difícil distinguirse en el mercado laboral porque su trabajo, que antes había ocupado un nicho único y rentable, se había vuelto demasiado general.

Hasta que no hicieron el trabajo de identificar criterios estrictos, no fueron capaces de deshacerse de los 70 y los 80 por ciento que drenaban su tiempo y sus recursos y comenzar a centrarse en el trabajo más interesante y que los distinguía mejor en el mercado laboral. Asimismo, este sistema dio a los empleados el poder de elegir los proyectos en los que podían destacar; tras haber estado a merced de lo que parecían ser decisiones de gestión caprichosas, ahora tenían voz. En una ocasión vi como una joven, la persona más callada y de menor rango del equipo, rechazaba al ejecutivo de más alto nivel. Simplemente le dijo: «¿Deberíamos aceptar esta cuenta con los criterios que tenemos?». Nunca había sucedido algo así hasta que los criterios no fueron selectivos y explícitos.

Establecer criterios tanto selectivos como explícitos nos permite contar con una herramienta sistemática para distinguir lo esencial y filtrar las cosas que no lo son.

Selectivo, explícito y también adecuado

Mark Adams, director general de Vitsoe, ha pasado los últimos veintisiete años aplicando deliberadamente criterios selectivos a su trabajo.

Vitsoe fabrica muebles. La industria de los muebles no destaca por producir en masa un gran volumen de productos: cada temporada trae consigo una amplia oferta de nuevos colores y estilos. No obstante, durante décadas, Vitsoe ha ofrecido un solo producto: el 606 Universal Shelving System. ¿Por qué? Porque, sencillamente, Vitsoe tiene exigencias muy particulares, y el 606 Universal Shelving System es el único producto que las cumple.

El 606 Universal Shelving System es el ejemplo de la ética esencialista de «menos pero mejor» que se planteó en el capítulo 1 y que ha defendido Dieter Rams. Esto no es una simple coincidencia, dado que él fue quien diseñó el 606 Universal Shelving System. Sin embargo, Vitsoe puede ser aún más selectivo con respecto a la contratación de empleados.

Comienzan con la idea básica de que prefieren estar cortos de personal antes que precipitarse y equivocarse al contratar a alguien. Por eso, cuando buscan un nuevo empleado, tienen un proceso de selección sistemático y riguroso. Primero entrevistan al candidato por teléfono. Lo hacen así porque, al formarse la primera impresión, quieren eliminar todas las pistas visuales. De igual modo, quieren escuchar cómo se desempeña por teléfono el empleado potencial y saber si es lo suficientemente organizado para encontrar un lugar tranquilo en un momento programado. Descartan a muchos aspirantes en esta etapa, y con su método aprovechan muy bien el tiempo.

En segundo lugar, diversas personas de la empresa entrevistan al candidato. Si el candidato logra superar varias entrevistas, lo invitan a pasar un día trabajando con el equipo. Luego, la administración envía un cuestionario a todo el equipo para saber qué les pareció el candidato. Sin embargo, en vez de hacer solo las preguntas obvias, suelen incluir cuestiones como: «¿A él o a ella le encantaría trabajar aquí?» y «¿A nosotros nos encantaría que él o ella trabajara en el equipo?». En este punto no se hace ninguna oferta y no hay ningún compromiso por parte del candidato. El objetivo es permitir que ambas partes se vean la una a la otra de la manera más honesta posible. Si esto resulta bien, el candidato pasa a las entrevistas finales y puede recibir una oferta. Si el equipo no está totalmente seguro, entonces la respuesta es no.

Una vez había un candidato para trabajar en el equipo de instalación de estantes. Es un papel importante; los instaladores son el rostro del producto y de la empresa. El candidato en cuestión hizo un buen trabajo al instalar las estanterías. Pero en el interrogatorio posterior con Mark, el equipo expresó una preocupación. Al final del día, cuando estaban recogiendo las herramientas, el candidato las lanzó en la caja y cerró la tapa. A ti y a mí, esta podría parecernos una infracción menor, apenas lo suficientemente significativa para mencionarla, aunque no lo bastante importante para empañar un día de trabajo que por lo demás había sido impecable. En cambio, según el equipo, dejaba ver un descuido que no iba acorde con su visión de la persona ideal para el trabajo. Mark escuchó y estuvo de acuerdo, luego le dijo amablemente al candidato que no encajaba en la cultura Vitsoe. Para Mark y su equipo:

Si no es un sí evidente, entonces es un no evidente.

Sin embargo, su proceso de eliminación altamente selectivo va más allá de una reacción visceral (aunque eso también importa). Lo que puede parecer una decisión caprichosa, en realidad, es el resultado de un enfoque disciplinado y continuo para descubrir qué funciona y qué no. Por ejemplo, han descubierto que existe una estrecha correlación entre el hecho de haber jugado con Legos de niño y encajar bien en la cultura de Vitsoe. No lo descubrieron por casualidad. Han probado de todo a lo largo de los años; algunas cosas se han mantenido y otras no.

Para la evaluación, el equipo también sigue una serie de criterios explícitos. El principal es: «¿Esta persona encajará de manera natural?». Por eso diseñaron un proceso de selección que incluye múltiples entrevistas. Por eso desarrollaron la prueba del día de trabajo. Por eso envían el cuestionario. Como cualquier esencialista, tratan de reunir información relevante con el fin de poder tomar una decisión informada, calculada y deliberada.

Aaron Levie, director ejecutivo de Box, tiene un criterio de contratación similar. Simplemente se pregunta si el aspirante es alguien con quien querría trabajar todos los días. Según dice, «Una de las maneras en las que nos planteamos esto es: "¿Esta persona habría podido ser uno de los miembros fundadores del equipo?"». Si la respuesta es sí, sabe que han encontrado a alguien que encajará a la perfección.[2]

La oportunidad llama a la puerta

Ser selectivo al decidir qué oportunidades buscar es una cosa, no obstante, se puede complicar cuando las oportunidades llegan a nosotros. Recibimos una oferta de trabajo que no esperábamos. Surge un proyecto tangencial que no corresponde exactamente a lo que hacemos, pero es dinero fácil. Alguien nos pide que le ayudemos con algo que nos encanta hacer, pero es trabajo no remunerado. Un conocido tiene una multipropiedad en un lugar para nada ideal, pero hay descuento. ¿Qué hacemos?

El miedo de quedarse al margen de algo se pone en marcha. Cómo decir que no si la oferta está justo ahí para tomarla. Puede que nunca la hayamos buscado, pero ahora es tan fácil que empezamos a considerarla. Sin embargo, si decimos que sí solo porque hay una recompensa fácil, corremos el riesgo de tener que decir que no después a algo más significativo.

Esta fue la situación en la que se encontró Nancy Duarte al crear una agencia de comunicación. En 2000, la empresa era una agencia general que hacía de todo, desde crear identidades corporativas hasta diseñar presentaciones (un trabajo que la mayoría de las firmas de diseño odiaba hacer), pasando por el desarrollo de sitios de internet y de material impreso. Pero sin una especialidad que los distinguiera, la empresa empezó a convertirse en algo muy parecido a cualquier otra agencia de diseño.

Entonces, Nancy leyó el libro *Good to Great*, en el cual Jim Collins afirma que si hay algo que te apasiona, y en lo que puedes ser el mejor, deberías hacer solo eso. Fue en aquel momento cuando se dio cuenta de que aquello en lo que se podía distinguir la empresa era justamente el tipo de trabajo que nadie más en el ramo quería hacer: diseñar presentaciones.

Al centrarse en lo que nadie más estaba haciendo pudieron crear el conocimiento, las herramientas y la experiencia necesarios para ser la empresa número uno del mundo en presentaciones. Pero para lograrlo tendrían que decir que no a todo lo demás. Incluso en tiempos económicamente difíciles. Incluso cuando les ofrecieran trabajo remunerado. Era el precio de distinguirse. En otras palabras, tendrían que ser más selectivos en cuanto a los trabajos que aceptaran para poder canalizar todas sus energías en destacar en el área que se había vuelto su especialidad.

Un proceso sistemático que puedes usar para aplicar criterios selectivos a las oportunidades que se te presentan es el siguiente: en primer lugar, escribe en qué consiste la oportunidad. En segundo lugar, escribe una lista de los «tres criterios mínimos» que las opciones deberían cumplir para que las tomes en cuenta. En tercer lugar, escribe una lista de tres «criterios estrictos» o ideales que las opciones deberían cumplir para que las tomes en cuenta. Por definición, si la oportunidad no pasa la primera serie de criterios, la respuesta es obviamente no. Y si no cumple dos de tres de tus criterios estrictos, la respuesta sigue siendo no.

oportunidad
¿Qué oportunidad te están ofreciendo?

mínimos
¿Cuáles son tus tres criterios mínimos para tomar en cuenta esta opción?

extremos
¿Cuáles son tus criterios ideales para aprobar esta opción?

El mejor trozo de pizza de Brooklyn

Aplicar criterios más estrictos a las decisiones importantes de la vida nos permite aprovechar mejor el sofisticado motor de búsqueda de nuestro cerebro. Imagínatelo como la diferencia entre buscar «un buen restaurante en Nueva York» y buscar «el mejor trozo de pizza en el centro de Brooklyn» en Google. Si buscamos «una buena oportunidad profesional», nuestro cerebro nos dará muchas páginas para explorar y revisar. En cambio, por qué no llevar a cabo una búsqueda avanzada y hacer tres preguntas: «¿Qué me apasiona enormemente?», «¿Qué hace aflorar mi talento?» y «¿Qué satisface una necesidad significativa en el mundo?». Es evidente que no habrá tantas páginas que revisar, pero ese es el objetivo del ejercicio. No estamos buscando una gran cantidad de cosas buenas que hacer. Estamos buscando aquello en lo que podemos hacer destacar más.

Enric Sala encontró su vocación de esta manera.[3] A comienzos de su carrera, Enric era profesor en el prestigioso Instituto Scripps de Oceanografía, en La Jolla, California. Sin embargo, no podía deshacerse de la sensación de que el camino profesional en el que se encontraba estaba a un milímetro de distancia del camino en el que realmente debía estar. Así que dejó la academia y se fue a trabajar a *National Geographic.* Con ese éxito llegaron nuevas y fascinantes oportunidades en Washington D. C., lo cual otra vez lo dejó con la sensación de que estaba cerca de su camino profesional, pero que todavía no había llegado. Como sucede a menudo con las personas ambiciosas y motivadas, su éxito previo lo había distraído de la claridad de su propósito. Desde el momento en que vio a Jacques Cousteau a bordo del famoso Calypso, soñaba con bucear en los océanos más bellos del mundo. Así es que, después de un par de años, cuando se presentó una oportunidad de oro, volvió a cambiar de rumbo para estar donde en realidad podía rendir al máximo: trabajando como explorador residente de *National Geographic*, donde podía pasar una buena parte de su tiempo buceando en los lugares más remotos, utilizando sus conocimientos de ciencia y comunicaciones para influir en políticas mundiales. El precio de tener el trabajo de sus sueños había sido decir que no a las muchas buenas, incluso muy buenas, oportunidades que se le habían presentado y esperar la oportunidad a la que podría decir que sí con entusiasmo. Y la espera valió la pena.

Enric es uno de esos pocos ejemplos de personas que están haciendo un trabajo que le encanta, que le sacan jugo a su talento y que atienden una necesidad importante en el mundo. Su objetivo principal es ayudar a crear en el mar el equivalente a los parques nacionales para proteger los últimos lugares vírgenes del océano, una tarea verdaderamente esencial.

TERCERA PARTE

Elimina

¿Cómo podemos dejar de lado las muchas cosas triviales?

Elimina

¿Cómo podemos dejar de lado las muchas cosas triviales?

Piensa otra vez en la metáfora del armario que se planteó en el capítulo 1. En este punto del libro has revisado todo lo que tienes colgado en el armario. Has dividido la ropa en montones etiquetados como «Cosas que debo conservar» y «Cosas que probablemente debería eliminar». Pero ¿estás listo para meter en una bolsa el montón de «Cosas que probablemente debería eliminar» y deshacerte de ellas?

En otras palabras, no basta con definir en qué actividades y en qué esfuerzos no rindes al máximo; de hecho, tienes que eliminarlos. La tercera parte de este libro te mostrará cómo prescindir de lo que no es esencial para que puedas destacar en las cosas que son vitales de verdad. Y no solo eso, sino que aprenderás a hacerlo de una forma que te permitirá ganarte el respeto de tus colegas, jefes, clientes y compañeros.

Deshacerte de esa ropa vieja no es fácil. Después de todo, sigue habiendo esa molesta reticencia, ese molesto miedo de «y si» dentro de unos años te arrepientes de haber regalado esa chaqueta con grandes hombreras y rayas escandalosas. Es una sensación normal: algunos estudios han encontrado que tendemos a considerar las cosas que tenemos más valiosas de lo que son, y por tanto nos resulta más difícil deshacernos de ellas. Si todavía no estás listo para desprenderte de esa chaqueta metafórica, hazte la pregunta implacable: «Si no la tuviera, ¿cuánto pagaría por ella?». Del mismo modo, en tu vida, la pregunta implacable al decidir qué actividades eliminar es: «Si no tuviera esta oportunidad, ¿qué estaría dispuesto a dar para conseguirla?».

Por supuesto, ser lo bastante disciplinado para decir que no a las oportunidades, a menudo muy buenas oportunidades, que se te presentan en la vida laboral y personal es infinitamente más difícil que tirar la ropa vieja del armario. Pero inténtalo, porque recuerda que cada vez que no logras decir que no a algo que no es esencial, estás diciendo que sí por defecto. De modo que, una vez hayas investigado a fondo tus opciones, la pregunta que deberías hacer no es: «¿A qué elementos de mi lista de prioridades en conflicto debería decir que sí?». Más bien hazte la pregunta esencial: «¿A qué voy a decir que no?». Esta es la pregunta que revelará tus verdaderas prioridades. Es la pregunta que te indicará cuál es el mejor camino hacia delante para tu equipo. Es la pregunta que puede darte la preciada y poco común claridad necesaria para alcanzar hitos que cambien el rumbo de las cosas en tu carrera y en tu vida.

10

Aclara

Una decisión que genera mil

> Perseguir una meta sin descanso. Ese es el secreto del éxito.
>
> ANNA PAVLOVA, bailarina rusa

Empecemos el juego. En la siguiente página se encuentran enunciadas las misiones de tres empresas. Intenta unir cada empresa con su misión:[1]

EMPRESA	MISIÓN
1 AGCO Líder en la fabricación y distribución de maquinaria agrícola como piezas de repuesto, tractores, máquinas para el heno y herramientas.	**A** Lograr un crecimiento rentable por medio de un servicio al cliente, una innovación, una calidad y un compromiso superiores.
2 DOVER CORPORATION Fabricante de equipos como camiones de basura y equipo electrónico como impresoras de inyección de tinta y equipos de ensamblaje de circuitos.	**B** Ser líder en todos los mercados a los que servimos para beneficio de nuestros clientes y nuestros accionistas.
3 DEAN FOODS CORPORATION Empresa de alimentos y bebidas, en particular, de leche, lácteos y productos de soja.	**C** El objetivo principal de la empresa es maximizar el valor de las acciones a largo plazo, apegándose a las leyes de la jurisdicción en la que esta funciona y observando en todo momento los más altos estándares éticos.

¿Qué tal te ha ido? Si no tenías ni la menor idea de cómo resolver este acertijo, no eres el único. Estas afirmaciones en gran medida indistinguibles hacen que la tarea sea casi imposible. En algunas empresas siguen considerando «buenas prácticas» afirmaciones vagas e infladas como estas, pero en muchos casos no logran lo que buscan: inspirar a sus empleados con un sentido de propósito claro.

Esta sección del libro trata sobre cómo eliminar lo que no es esencial para garantizar que podamos invertir la energía en las actividades más significativas para nosotros. El primer tipo de actividades no esenciales que vas a aprender a eliminar son aquellas que, simplemente, no están alineadas con lo que pretendes alcanzar. Parece bastante sencillo, pero para hacerlo debes ser muy claro respecto a cuál es tu propósito principal, y ahí es donde entra este capítulo.

De «bastante claro» a «muy claro»

Los ejecutivos con los que trabajo con frecuencia sugieren que el propósito o la estrategia de su empresa está «bastante claro», como queriendo decir que eso es suficiente. Pero ¡cualquiera que lleve gafas sabe que hay una gran diferencia entre «bastante claro» y «realmente claro»! Lo mismo pasa con la estrategia profesional de un individuo. Cuando le pregunto a la gente «¿Qué es lo que realmente quieres de tu carrera en los próximos cinco años?», me sigue sorprendiendo que sean muy pocas las personas capaces de responder.

Esto importaría menos si no fuera porque tener claro el propósito predice con certeza la forma en que la gente hace su trabajo. Al colaborar con equipos de ejecutivos, he descubierto con asombro lo que sucede cuando los equipos tienen «medio claro» lo que están intentando lograr en vez de tenerlo «realmente claro».

En primer lugar, pagan un alto precio en términos de dinámicas humanas. El hecho es que la motivación y la cooperación se deterioran cuando hay falta de propósito. Puedes capacitar a líderes en comunicación y trabajo en equipo y hacer 360 informes de funcionamiento, y llegar a estar hasta el gorro, pero si un equipo no tiene claras sus metas y papeles, los problemas aparecerán y se multiplicarán.

Esta no es una teoría mía ni algo que leí en algún libro de negocios. Al recopilar información de más de quinientas personas con respecto a su experiencia en más de mil equipos, he encontrado una realidad que se repite: cuando hay una falta de claridad grave sobre lo que representa el equipo y sobre cuáles son sus metas y papeles, las personas experimentan confusión, estrés y frustración. Por otra parte, cuando hay un nivel alto de claridad, las personas progresan.

Cuando falta claridad, las personas desperdician tiempo y energía en las muchas cosas triviales. Con niveles de claridad suficientes, son capaces de hacer mayores descubrimientos e innovaciones —mayores de lo que la gente se da cuenta que deberían ser— en las áreas que son verdaderamente vitales. En mi trabajo he advertido que cuando un equipo no tiene claro su propósito suelen emerger dos pautas.

PAUTA 1: JUGAR A LA POLÍTICA

El equipo se centra demasiado en llamar la atención del jefe. El problema es que cuando la gente no sabe cuál es el objetivo del juego, no sabe cómo ganar y, en consecuencia, crea su propio juego y sus propias reglas mientras rivaliza por el favor del jefe. En vez de dedicar su tiempo y sus energías a rendir al máximo, ponen todo su esfuerzo en juegos como intentar lucir mejor que sus colegas, demostrar su importancia y hacer eco a todas las ideas y opiniones del jefe. Este tipo de actividades no son esenciales y, además, resultan dañinas y contraproducentes.

En la vida personal también hacemos algo similar. Cuando no tenemos claro nuestro verdadero propósito en la vida, en otras palabras, cuando no tenemos una idea definida de nuestras metas, aspiraciones y valores, creamos nuestros propios juegos sociales.

Desperdiciamos tiempo y energía en tratar de vernos bien en

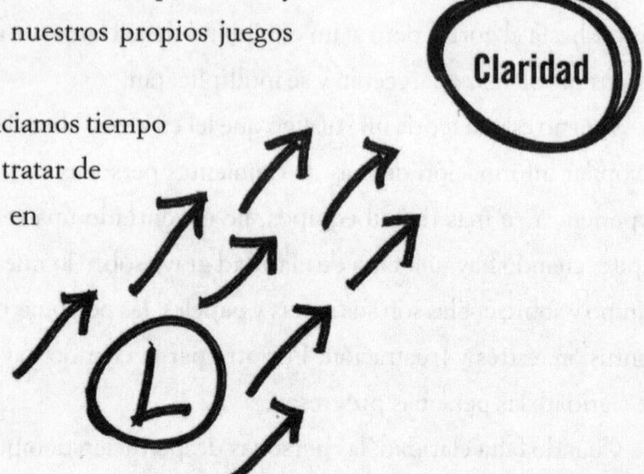

comparación con otras personas. Valoramos en exceso cosas no esenciales, como tener un mejor coche o una mejor casa o incluso algo intangible como el número de seguidores en Twitter o nuestro aspecto en las fotos de Facebook. Como resultado, dejamos de lado actividades que sí son esenciales, como pasar tiempo con nuestros seres queridos, alimentar el espíritu o cuidar la salud.

PAUTA 2: TODO ES BUENO (LO CUAL ES MALO)

Los equipos sin propósito se quedan sin líderes. A falta de una dirección clara, las personas van tras las cosas que contribuyen a sus propios intereses a corto plazo, sin darse cuenta de en qué sentido sus actividades contribuyen (o, en algunos casos, arruinan) a largo plazo la misión del equipo como un todo. A menudo esas actividades son bien intencionadas y algunas incluso pueden ser esenciales a nivel personal. Pero cuando las personas trabajan en un equipo, tener muchos proyectos diversos y que se oponen entre sí no favorece el rendimiento del equipo. Equipos como estos parece que dan cinco pasos atrás por cada paso adelante.

Del mismo modo, cuando los individuos están involucrados en demasiadas actividades distintas —aunque sean buenas actividades— no logran cumplir su misión esencial. Y ello se debe, entre otras razones, a que las actividades no funcionan en conjunto, así que no se suman en un todo significativo. Por ejemplo, estudiar cinco especialidades distintas, por muy buenas que sean, no equivale a una maestría. De igual manera, cinco trabajos diferentes cada uno en un sitio no equivalen a una carrera que avance hacia delante. Sin claridad ni propósito, ir tras algo porque es bueno no es lo suficientemente bueno para conseguir un buen rendimiento. Como dijo Ralph Waldo Emerson, «El crimen que arruina a hombres y Estados es el del trabajo asalariado: abandonar tu designio principal para trabajar un turno aquí o allá».

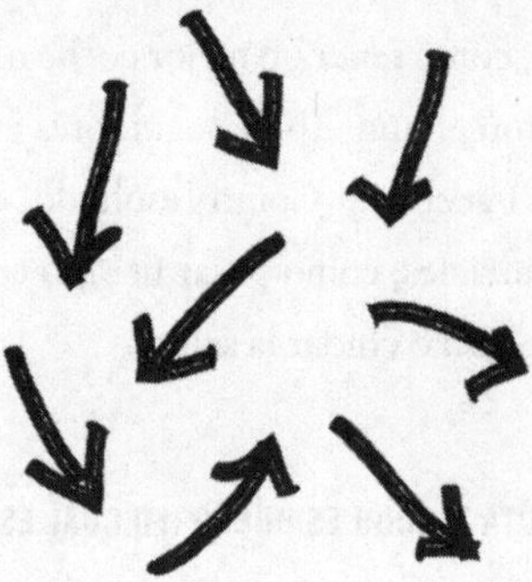

Por otra parte, cuando los equipos tienen realmente claros su propósito y sus papeles individuales, su dinámica evoluciona de manera sorprendente. El impulso formal se acelera, a lo cual se añade un rendimiento cada vez más alto del equipo como un todo.

Entonces ¿cómo podemos tener claro el propósito tanto en el equipo como en las tareas personales? Una forma es decidir un objetivo esencial.

Objetivo esencial

Para entender qué es un objetivo esencial, nos ayudará establecer primero lo que no lo es.[2] A riesgo de usar un cliché de la consultoría, podemos investigar esta cuestión usando una matriz de dos por dos.

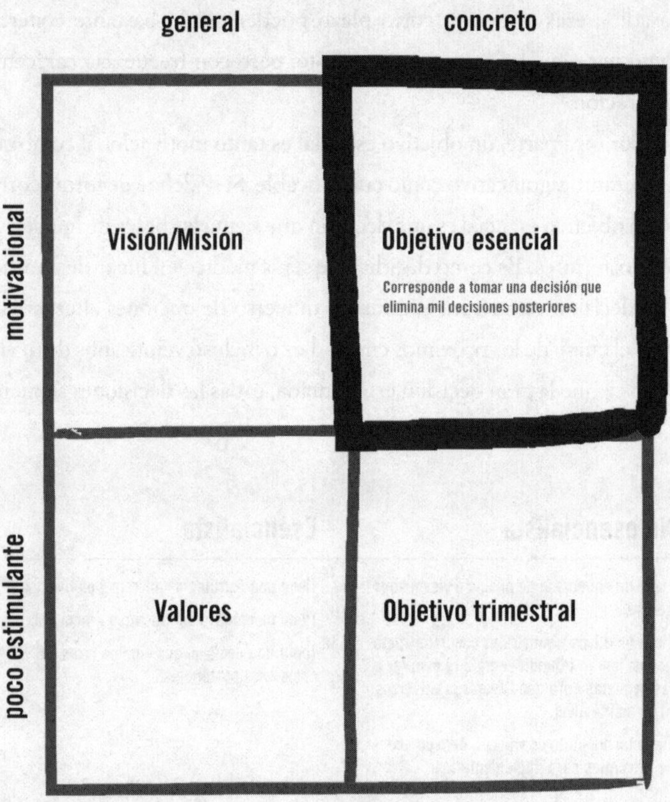

En el cuadrante superior izquierdo tenemos los enunciados de misión y visión, como «Queremos cambiar el mundo», enunciados que suenan motivacionales pero que son tan generales que casi se los ignora por completo. En el cuadrante inferior izquierdo tenemos una serie de valores vagos, generales, como «innovación», «liderazgo» y «trabajo en equipo», por lo general tan poco estimulantes y tan genéricos que no inspiran pasión alguna. En el cuadrante inferior derecho tenemos objetivos trimestrales a corto plazo a los que prestamos atención, como «Incrementar las ganancias en un 5 por ciento con respecto a los resultados del año pasado»; esas tácticas a corto plazo pueden ser lo bastante concretas como para que las tengamos en mente, pero con frecuencia carecen de inspiración.

Por otra parte, un objetivo esencial es tanto motivacional como concreto, tanto significativo como cuantificable. Si se define de forma correcta, un objetivo esencial es una decisión que sienta las bases de mil decisiones posteriores. Es como decidir que serás médico en lugar de abogado. Una decisión estratégica elimina un universo de opciones alternativas y traza el curso de los próximos cinco, diez o incluso veinte años de tu vida. Una vez que la gran decisión está tomada, todas las decisiones siguientes son más claras.

No esencialista	Esencialista
Tiene un enunciado de misión o visión vago, general.	Tiene una estrategia concreta y motivacional.
Tiene objetivos trimestrales concretos, pero que no logran infundir energía ni inspirar a las personas para que lleven sus esfuerzos al siguiente nivel.	Tiene un objetivo significativo y memorable.
Tiene un conjunto de valores, pero carece de principios para implementarlos.	Toma una decisión que elimina otras mil decisiones posteriores.

Cuando el primer ministro británico le pidió a Martha Lane Fox que fuera la primera «campeona digital» del Reino Unido, ella tuvo la oportunidad de decir en qué consistirían las tareas de este puesto recién creado. Ya te puedes imaginar las vaguedades, carentes de motivación y confusas, con que Martha habría podido explicarlo, una tira cómica de *Dilbert* esperando convertirse en realidad.

En cambio, Martha y su equipo formularon el siguiente objetivo esencial: «Que en el Reino Unido todo el mundo esté conectado a internet para finales de 2012». Era simple, concreto, motivacional y fácil de medir, y dejó claro a los miembros del equipo qué estaban tratando de hacer exactamente, de modo que pudieran coordinar sus acciones y energías para eliminar todo lo demás. Les dio poder, incluso a los miembros de más bajo rango, para retroceder un paso y preguntar: «¿Esta nueva idea realmente nos ayuda a alcanzar nuestro objetivo?». Y les permitió emplear mejor el apoyo de los socios para acelerar el viaje. Y aunque aún no hayan alcanzado todo aquello a lo que aspiraban, la claridad de su propósito les permitió aportar mucho más de lo que podrían haber aportado en cualquier otra circunstancia.

Así es como debemos enunciar un propósito en nuestras empresas, equipos y carreras. De modo que ¿cómo formulamos un propósito para que sea al mismo tiempo concreto y motivacional, significativo y memorable?

DEJA DE JUGAR CON LAS PALABRAS Y COMIENZA A DECIDIR

Al enunciar un propósito, para la empresa, el equipo o incluso la vida personal, tendemos a obsesionarnos con detalles estilísticos triviales, como: «¿Será mejor que usemos esta palabra o esta otra?». Pero es demasiado fácil caer en clichés sin sentido y en expresiones de moda que conducen a enunciados vagos y carentes de significado como los que he citado al inicio del capítulo. Un objetivo esencial no tiene que estar formulado de manera elegante; lo que cuenta es la sustancia, no el estilo. Por eso, hazte la pregunta esencial que proveerá de información a todas las decisiones que tomes en el futuro: «Si pudiéramos ser excelentes en algo, ¿qué sería?».

PREGUNTA: «¿CÓMO SABREMOS QUE HEMOS TERMINADO?»

En lo que respecta a tener claro el propósito, la motivación sí importa. Cuando pensamos en la motivación, a menudo pensamos en la retórica grandilocuente. Pero aunque la retórica sin lugar a dudas puede motivar, debemos recordar que los objetivos concretos también tienen el poder de apasionar e inspirar. Un objetivo esencial poderoso inspira a la gente en parte porque es lo suficientemente concreto para responder la pregunta: «¿Cómo sabremos que lo hemos logrado?».

Esto me lo explicó de manera brillante el profesor Bill Meehan, que pasó treinta años en McKinsey como asesor de directores y altos ejecutivos en materia de estrategia y actualmente imparte una clase en la Escuela de Negocios de Stanford titulada «La administración estratégica de organizaciones sin ánimo de lucro». Cuando tomé su clase en el posgrado, una de las tareas que nos dio fue evaluar las visiones y misiones de varias organizaciones sin ánimo de lucro.

Tras revisar más de cien casos, advertimos que algunas de las más grandilocuentes en realidad eran las menos motivacionales. Por ejemplo, una tenía la misión de «Eliminar el hambre en el mundo», pero, dado que solo había cinco personas en la organización, parecían solo palabras huecas. Luego, en ese panorama lleno de idealismo vacío, apareció una frase que todos entendimos de inmediato y que nos hizo sentirnos motivados. Provenía de una fuente un tanto inesperada: el actor y empresario social Brad Pitt, asombrado por la falta de progreso en la reconstrucción de Nueva Orleans después del huracán Katrina, había fundado una organización llamada Make It Right con el objetivo esencial de «construir 150 casas rentables, ecológicas y resistentes a las tormentas para familias que viven en la parte baja del Noveno Distrito». Esta frase dejó sin aliento al grupo. Lo concreto del objetivo lo hacía real, y su realidad lo hacía motivacional. Y respondía la pregunta: «¿Cómo sabremos que lo hemos logrado?».

Vivir con un objetivo esencial

Tener un objetivo esencial es necesario para mucho más que tus responsabilidades laborales o el enunciado que resume la misión de tu empresa; un verdadero objetivo esencial guía tu más profundo sentido de propósito y te ayuda a diseñar el camino de tu vida. Por ejemplo, Nelson Mandela pasó veintisiete años en prisión convirtiéndose en esencialista. Cuando lo encarcelaron, en 1962, le quitaron casi todo lo que tenía: su casa, su reputación, su orgullo y, por supuesto, su libertad. Él decidió usar esos veintisiete años para centrarse en lo que realmente era esencial y eliminar todo lo demás, incluyendo su propio resentimiento. Hizo que su objetivo esencial fuera abolir la segregación racial en Sudáfrica y, con ello, estableció un legado que sigue vivo hoy en día.

Crear un objetivo esencial es difícil. Requiere valor, visión y previsión para ver qué actividades y esfuerzos apoyarán al que será tu rendimiento más alto. Requiere hacer preguntas difíciles y sacrificios reales, y ser muy disciplinado para prescindir de lo que nos está distrayendo de nuestro verdadero objetivo. No obstante, el esfuerzo vale la pena porque solo teniendo claro su propósito las personas, los equipos y las organizaciones son capaces de actuar y lograr algo excelente.

11

Atrévete

El poder de un «no» elegante

El valor es mantener la gracia estando bajo presión.

Ernest Hemingway

El «no» adecuado dicho en el momento adecuado puede cambiar el curso de la historia.

Como un ejemplo de muchos, la negativa tranquila pero decidida de Rosa Parks a ceder su asiento en un autobús segregado de Montgomery justo en el momento adecuado se fusionó con las fuerzas que impulsaron el movimiento en favor de los derechos civiles. Como recuerda Parks, «Cuando [el conductor del autobús] vio que seguía sentada, preguntó si me iba a levantar y le dije: "No, no me voy a levantar"».[1]

Desmintiendo a la creencia popular, su valiente negativa no surgió de una tendencia particularmente asertiva ni de su personalidad general. De hecho, cuando la nombraron secretaria del presidente de la sección de la NAACP (Asociación Nacional para el Progreso de las Personas de Color, por sus siglas en inglés) de Montgomery, explicó lo siguiente: «Yo era la única mujer que estaba ahí, necesitaban una secretaria y fui demasiado tímida para decir que no».[2]

En el autobús, su actitud más bien surgió de una profunda convicción sobre qué decisión deliberada quería tomar en ese momento. Cuenta que cuando el conductor del autobús le ordenó que se levantara del asiento, «Sentí que la determinación cubría mi cuerpo como una manta en una noche de invierno».[3] Ignoraba hasta qué punto su decisión encendería la chispa de un movimiento que tuvo eco en todo el mundo, pero sí sabía lo que pensaba. Sabía, incluso mientras la arrestaban, que «era la última vez que pasaría por una humillación de ese tipo».[4] Evitar esa humillación valía el riesgo de ir a la cárcel. De hecho, para ella era esencial.

Ciertamente es poco probable (esperemos) que nos encontremos en una situación como la que afrontó Rosa Parks. No obstante, podemos sentirnos motivados por ella. Podemos pensar en ella cuando necesitemos valor para atrevernos a decir que no. Podemos recordar su convicción cuando debamos defendernos de la presión social para dejar de lado lo no esencial.

¿Alguna vez has sentido la tensión entre lo que creías que era adecuado y lo que alguien te estaba presionando a hacer? ¿Alguna vez has sentido el conflicto entre tu convicción interna y una acción externa? ¿Alguna vez has dicho que sí cuando querías decir que no, solo para evitar el conflicto o la fricción? ¿Alguna vez te has sentido demasiado asustado o has sido demasiado tímido para rechazar una invitación o una petición de algún jefe, colega, amigo, vecino o familiar por miedo a desilusionarlos? Si es así, no eres el único. Pasar por esos momentos con valor y gracia es una de las habilidades más importantes que debes dominar para convertirte en esencialista, y es una de las más difíciles.

No era mi intención escribir un capítulo sobre el valor. Pero, cuanto más profundizaba en el tema del Esencialismo, más claro veía que el valor es fundamental para el proceso de eliminación. Sin valor, la búsqueda disciplinada de menos es solo de boquilla. Es un simple tema de conversación para una cena. Algo superficial. Cualquiera puede hablar de centrarse en las cosas que más importan —y muchas personas lo hacen—, pero ver gente que esté dispuesta a vivirlo es poco común.

Lo digo sin juzgar. Tenemos buenas razones para que nos dé miedo decir que no. Nos preocupa perdernos una gran oportunidad. Tememos agitar los ánimos, atizar el fuego, no poder dar marcha atrás. No soportamos la idea de decepcionar a alguien a quien respetamos y que nos agrada. Nada de esto nos convierte en malas personas. Es parte natural de ser humanos. No obstante, por duro que resulte decirle que no a alguien, no lograrlo puede hacernos perder de vista algo mucho más importante.

Una mujer llamada Cynthia me contó la historia de cuando una vez su padre había hecho planes para llevarla a pasear una noche en San Francisco. Cynthia, que tenía doce años, y su padre habían planeado la «cita» durante meses. Tenían un itinerario organizado minuto a minuto: ella asistiría a la última hora de la presentación de su padre y luego se encontraría con él en la parte de atrás de la sala más o menos a las cuatro y media y se irían enseguida, antes de que alguien intentara hablar con él. Tomarían un tranvía para ir al barrio chino, comerían comida china (su favorita), comprarían algún recuerdo, admirarían el paisaje un rato y después «verían una peli», como le gustaba decir a su padre. Luego tomarían un taxi de vuelta al hotel, se colarían en la piscina para darse un baño rápido (su padre era famoso por colarse cuando la piscina estaba cerrada), pedirían que les llevaran helado de chocolate a la habitación y verían la televisión. Comentaron los detalles una y otra vez antes del viaje. La emoción era parte de la experiencia.

Todo iba de acuerdo con lo planeado hasta que, al salir del centro de convenciones, su padre se encontró a un viejo amigo de la universidad y socio de negocios. Habían pasado años desde la última vez que se habían visto, y Cynthia vio que se abrazaban con mucho entusiasmo. El amigo de su padre dijo: «Estoy tan contento de que estés haciendo trabajos con nuestra empresa… Cuando Lois y yo nos enteramos, pensamos que sería perfecto. ¡Queremos invitarte, y por supuesto también a Cynthia, a cenar un marisco espectacular en el muelle!». El papá de Cynthia respondió: «Bob, me alegro de verte. ¡Qué buena idea cenar en el muelle!».

Cynthia estaba cabizbaja. Su sueño de pasear en tranvía y comer helado de chocolate se evaporó en un instante. Además, odiaba el marisco y se podía imaginar lo aburrido que iba a ser oír hablar a los adultos toda la noche. Pero entonces su padre continuó: «Pero esta noche no. Cynthia y yo tenemos planeada una cita especial, ¿verdad?». Le guiñó el ojo a Cynthia, la tomó de la mano, cruzaron la puerta y se lanzaron a la que sería una noche inolvidable en San Francisco.

Da la casualidad de que el padre de Cynthia era el especialista en administración de empresas Stephen R. Covey (autor de *Los siete hábitos de la gente altamente efectiva*), fallecido unas semanas antes de que Cynthia me contara esta historia. Así es que recordó esa noche en San Francisco con profunda emoción. Su sencilla decisión, me dijo, «¡Nos unió para siempre porque supe que lo que más le importaba era yo!».[5]

Stephen R. Covey, uno de los pensadores en el área del liderezgo más respetados y leídos de su generación, era un esencialista. No solo enseñaba preceptos esencialistas (como «Lo principal consiste en hacer que lo principal siga siendo lo principal») a importantes líderes y jefes de Estado de todo el mundo, sino que los vivía en carne propia.[6] Y viviéndolos en carne propia con su hija en ese momento, creó un recuerdo que literalmente siguió existiendo después de su muerte. Vista con un poco de perspectiva, su decisión parece obvia. Pero, en su lugar, muchas personas habrían aceptado la invitación del amigo por miedo a parecer groseras o desagradecidas si dejaban pasar la excepcional oportunidad de cenar con un viejo amigo. Entonces ¿por qué es tan difícil en el momento atreverse a elegir lo que es esencial por encima de lo no esencial?

Una respuesta sencilla es que no tenemos claro lo que es esencial. En consecuencia, estamos indefensos. Por otra parte, cuando tenemos una fuerte claridad interna, es casi como si tuviéramos un campo de fuerza que nos protege de las cosas no esenciales que nos llegan de todas las direcciones. En el caso de Rosa Park, su profunda claridad moral fue lo que le dio el valor poco habitual de la convicción. Con Stephen, fue la claridad de los planes que había hecho para disfrutar esa noche con su querida hija. Prácticamente en todos los ejemplos, tener claro lo que es esencial nos proporciona la fuerza para decir que no a lo que no es esencial.

Esencialmente incómodo

Una segunda razón por la cual es difícil elegir lo esencial en el momento es, simplemente, el miedo innato a la incomodidad social. El hecho es que los seres humanos estamos programados para querer llevarnos bien con los demás. Después de todo, hace miles de años, cuando vivíamos en tribus de cazadores recolectores, nuestra supervivencia dependía de ello. Y aunque cumplir con lo que las personas de un grupo esperan de nosotros (lo que los psicólogos denominan «conformidad normativa») ya no es cuestión de vida o muerte, el deseo sigue estando profundamente arraigado en nosotros.[7] Por eso, sea a un viejo amigo que te invita a cenar, sea a un jefe que te pide que asumas la responsabilidad de un proyecto muy importante, sea a una vecina que te suplica que le ayudes a vender pasteles de beneficencia, la idea misma de decir que no literalmente ocasiona incomodidad física. Nos sentimos culpables. No queremos decepcionar a nadie. Nos preocupa estropear la relación. Sin embargo, esas emociones confunden nuestra claridad. Nos distraen de la realidad de que podemos decir que no y lamentarlo durante unos minutos o podemos decir que sí y lamentarlo durante días, semanas, meses o años.

La única salida de esta trampa es aprender a decir que no con firmeza, con determinación y, no obstante, con elegancia. Porque, una vez que lo hacemos, descubrimos no solo que el miedo a decepcionar o molestar a los demás era exagerado, sino también que estos nos respetan más. Desde que me convertí en esencialista he descubierto que es casi universalmente cierto que las personas respetan y admiran a aquellos que, de acuerdo a su conciencia, dicen que no.

Peter Drucker, al que considero el padre del pensamiento administrativo moderno, también era un maestro en el arte de decir que no con elegancia. Cuando Mihaly Csikszentmihalyi, el profesor húngaro conocido por su trabajo sobre el flujo, se propuso entrevistar a una serie de individuos creativos para un libro que estaba escribiendo sobre creatividad, la respuesta de Drucker fue tan interesante que Mihaly la citó textualmente:

> Me siento muy honrado y halagado por la amable carta que me envió el 14 de febrero, ya que he sido admirador suyo y de su trabajo durante largos años y he aprendido mucho de este. Sin embargo, mi querido profesor Csikszentmihalyi, siento tener que decepcionarlo. No sería capaz de responder sus preguntas. Dicen que soy creativo; no sé qué significa esto. [...] Simplemente no dejo de esforzarme. [...] Espero que no piense que soy atrevido ni grosero si le digo que uno de los secretos de la productividad (algo en lo que creo, mientras que no creo en la creatividad) es tener un cubo de basura MUY GRANDE para poner TODAS las invitaciones como la suya. Según mi experiencia, la productividad consiste en NO hacer nada que contribuya al trabajo de otras personas y, más bien, pasar el tiempo haciendo el trabajo para el que Dios nos creó y hacerlo bien.[8]

Como verdadero esencialista, Peter Drucker creía que las «personas son efectivas porque dicen que no».

Los no esencialistas dicen que sí porque sienten presión e incomodidad social. Dicen que sí automáticamente, sin pensarlo, a menudo buscando la emoción que se siente al haber complacido a alguien. En cambio, los esencialistas saben que después de la emoción viene la punzada del arrepentimiento. Saben que pronto pensarán que abusan de ellos y terminarán resentidos, tanto con la otra persona como consigo mismos. Al final despertarán a la desagradable realidad de que para acomodar el nuevo compromiso deben sacrificar algo más importante. Por supuesto, la cuestión no es decir que no a todas las peticiones. Es decir que no a las no esenciales para que podamos decir que sí a las cosas que realmente importan. Es decir que no, con frecuencia y con elegancia, a todo excepto a lo que en verdad es vital.

No esencialista	Esencialista
Evita decir que no para sortear la presión y la incomodidad social.	Se atreve a decir que no con firmeza, determinación y elegancia.
Dice que sí a todo.	Dice que sí solo a las cosas que realmente importan.

Entonces ¿cómo aprendemos a decir que no con elegancia? A continuación encontrarás unas pautas generales, así como varias fórmulas específicas para decir «no» con elegancia.

SEPARA LA DECISIÓN DE LA RELACIÓN

Cuando alguien nos pide que hagamos algo, a veces confundimos la petición con la relación que tenemos con esa persona. Parecen tan conectadas que se nos olvida que negarnos a la petición no es lo mismo que negar a la persona. Hasta que no separamos la decisión de la relación no podemos decidir con claridad y aparte encontrar el valor y la compasión necesarios para comunicarla.[9]

DECIR «NO» CON ELEGANCIA NO TIENE QUE SIGNIFICAR USAR LA PALABRA «NO»

Los esencialistas rehúsan con más frecuencia de la que dicen «no». Hay ocasiones en las que la manera más elegante de decir que no es con un «no» a secas, sin embargo, desde el «Me halaga que hayas pensado en mí, pero me temo que no tengo suficiente experiencia» o el «Me gustaría mucho, pero tengo demasiados compromisos», existe una amplia variedad de maneras de rechazar a alguien con claridad y amabilidad sin usar la palabra «no» explícitamente. Más adelante en este capítulo encontrarás otros ejemplos de formas elegantes de formular tu «no».

CÉNTRATE EN AQUELLO QUE ESTÁS SACRIFICANDO

Cuanto más pensamos en aquello a lo que estamos renunciando cuando le decimos que sí a alguien, más fácil es decir que no. Si no tenemos una idea clara del coste de la oportunidad, en otras palabras, del valor de aquello a lo que renunciamos, es especialmente fácil caer en la trampa no esencial de decirnos que podemos hacerlo todo. No podemos. Un «no» elegante surge de un cálculo claro pero tácito de cuál es el sacrificio que estamos haciendo.

RECUERDA QUE TODO EL MUNDO ESTÁ VENDIENDO ALGO

Esto no significa que tengas que ser cínico con la gente. No sugiero que no debas confiar en la gente. Simplemente digo que todo el mundo está vendiendo algo —una idea, un punto de vista, una opinión— a cambio de tu tiempo. Tomar conciencia de qué es lo que se vende nos permite ser más firmes al decidir si queremos comprarlo o no.

HAZ LAS PACES CON EL HECHO DE QUE DECIR QUE NO CON FRECUENCIA REQUIERE INTERCAMBIAR POPULARIDAD POR RESPETO

Cuando dices que no, por lo general, a corto plazo la relación se resiente. Después de todo, cuando alguien te pide algo y no lo obtiene, su reacción inmediata puede ser molestarse, decepcionarse o incluso enojarse. Esta desventaja es evidente. Sin embargo, el potencial lado positivo es menos obvio: cuando la molestia, la decepción o el enojo inicial desaparece, surge el respeto. Rechazando de manera eficaz le mostramos a la gente que nuestro tiempo es muy valioso. Esto distingue al profesional del *amateur*.

Un ejemplo al respeto es la vez en que el diseñador gráfico Paul Rand tuvo el valor de decirle que no a Steve Jobs.[10] Cuando Jobs estaba buscando un logo para la empresa NeXT, le pidió a Rand, que había diseñado los logos de IBM, UPS, Enron, Westinghouse y ABC, que pensara en algunas opciones. Pero Rand no quería pensar en «algunas opciones». Quería diseñar una sola opción. Así es que dijo: «No. Yo le voy a solucionar el problema y usted me va a pagar. Y no tiene que usar la solución. Si quiere opciones, hable con otra gente. Yo solucionaré el problema de la mejor manera que pueda y usted decidirá si le sirve o no. Eso depende de usted». Por supuesto, Rand resolvió el problema y creó «la joya» de logo que Jobs quería, pero la verdadera lección es el efecto que la negativa de Rand tuvo en Jobs, quien después dijo sobre él: «Es una de las personas más profesionales con las que he trabajado, en el sentido de que había reflexionado sobre todas las relaciones entre el cliente y un profesional como él». Rand corrió un riesgo cuando dijo que no. Apostó una pérdida de popularidad a corto plazo contra una ganancia de respeto a largo plazo.

Los esencialistas aceptan que no pueden gozar de la simpatía de todo el mundo siempre. Sí, decir que no de manera respetuosa, razonable y elegante puede traer consigo un costo social a corto plazo. Sin embargo, parte de vivir el camino del esencialista es darse cuenta de que a la larga el respeto es mucho más valioso que las simpatías.

RECUERDA QUE UN «NO» CLARO PUEDE SER MÁS ELEGANTE QUE UN «SÍ» VAGO O SIN COMPROMISO

Como sabe cualquier persona que haya recibido una negativa, un claro «prefiero no comprometerme con esto» es mucho mejor que no responderle a alguien o darle falsas esperanzas con alguna expresión sin compromiso como «Lo voy a intentar» o «Quizá pueda hacerlo», cuando uno sabe que no podrá. Ser vago no es lo mismo que ser elegante, y retrasar el «no» solo hará que sea aún más difícil y que la otra persona se sienta mucho más resentida.

El repertorio del «no»

Recuerda, los esencialistas no dicen que no ocasionalmente. Es parte de su repertorio habitual. Entonces, para decir que no con elegancia y de manera consecuente, resulta útil tener una variedad de respuestas a las cuales recurrir. A continuación, hay ocho fórmulas que puedes incluir en tu repertorio del «no».

1. *La pausa incómoda*. En lugar de sentirte controlado por la amenaza de un silencio incómodo, adueñate de él. Úsalo como una herramienta. Cuando te hagan una petición (esto funciona solo en persona), simplemente haz una pausa de unos segundos. Cuenta hasta tres antes de dar tu

veredicto. O, si eres un poco más atrevido, espera a que la otra persona llene el vacío.

2. *El «no» suave (o el «no, pero»).* Hace poco recibí un correo electrónico en el que alguien me invitaba a tomar café. Contesté: «En este momento estoy totalmente dedicado a escribir mi libro. Pero me encantaría que nos viéramos cuando lo termine. Avísame si nos podemos ver a finales del verano».

El correo electrónico es una buena forma de empezar a practicar el «no, pero» porque te da la oportunidad de redactar y volver a redactar tu «no» para que sea lo más elegante posible. Además, a muchas personas les parece que la distancia del correo electrónico reduce el miedo a la incomodidad.

3. *Déjame ver mi agenda y te aviso.* A una directiva que conozco le parecía que los demás se pasaban todo el día secuestrando su tiempo. Como clásica no esencialista, era talentosa, lista e incapaz de decir que no y, como resultado, pronto se convirtió en una de esas personas a las que todo el mundo acude. La gente corría tras ella: «¿Podrías ayudarme con el proyecto X?». Como quería ser buena persona, decía que sí, pero pronto se sintió abrumada con tantos compromisos distintos. Las cosas cambiaron cuando aprendió a contestar con una nueva frase: «Déjame ver mi agenda y te aviso». Esto le daba tiempo de hacer una pausa para reflexionar y luego poder responder que lamentablemente no estaba disponible. Le permitió recuperar el control de sus decisiones en vez de apresurarse a decir que sí en cuanto le pedían algo.

4. *Usa respuestas automáticas para el correo electrónico.* Es natural y comprensible recibir una respuesta automática cuando alguien está de viaje o fuera de la oficina. En realidad, este es el «no» más socialmente aceptado que existe. Las personas no están diciendo que no quieren contestar tu correo electrónico, sino que se pondrán en contacto contigo dentro de un tiempo determinado. Así que, ¿por qué limitar esto a las

vacaciones y los días festivos? Cuando estaba escribiendo este libro programé una respuesta automática con el asunto «En estado monástico». El correo electrónico decía: «Queridos amigos, actualmente estoy trabajando en un nuevo libro que ocupa una gran parte de mi tiempo. Por desgracia, no puedo responder como quisiera. Les ofrezco una disculpa. Greg». ¿Y qué pasó? Todo el mundo pareció adaptarse muy bien a mi ausencia temporal y a mi falta de respuesta.

5. *Di: «Sí. ¿Qué debo eliminar de las prioridades?»*. Para muchas personas, decirle que no a alguien de mayor rango en el trabajo es casi impensable, incluso risible. Sin embargo, cuando decir que sí pondrá en riesgo tu capacidad para rendir al máximo en tu trabajo, es tu obligación. En ese caso, no solo es razonable decir que no, es esencial. Una manera eficaz de hacerlo es recordarles a tus superiores lo que estarías descuidando si dices que sí y obligarlos a afrontar la disyuntiva.

Por ejemplo, si tu jefe llega y te pide que hagas cierta tarea ya, puedes responder: «Sí, con mucho gusto lo convertiré en la prioridad. ¿Cuál de estos otros proyectos debería eliminar de las prioridades para prestarle atención al nuevo proyecto?». O tan solo di: «Me gustaría hacer un trabajo excelente y, debido a mis demás compromisos, si asumo esta responsabilidad no haré un trabajo del que me sienta orgulloso».

Conozco a un directivo que recibió esa respuesta de un subordinado. De ninguna manera quería ser el responsable de perturbar a ese empleado productivo y organizado, ¡así que tomó el proyecto no esencial y se lo dio a alguien menos organizado!

6. *Dilo con humor*. Hace poco, un amigo me pidió que entrenara con él para un maratón. Mi respuesta fue simple: «Pero ¡por supuesto que no!». Se rio un poco y me dijo: «Ah, tú predicas con el ejemplo». ¡Ya ves lo útil que es tener reputación de esencialista!

7. *Usa las palabras: «Puedes hacer X. Yo estoy dispuesto a hacer Y»*. Por ejemplo, «Puedes tomar prestado mi coche. Yo me comprometo a

que las llaves estén disponibles». Con esto dices: «No te voy a poder llevar». Estás diciendo lo que no vas a hacer, pero lo estás formulando en términos de lo que estás dispuesto a hacer. Esta es una forma particularmente buena de afrontar una petición que te gustaría atender de alguna manera, pero con la que no te puedes comprometer por completo.

A mí me gusta esta fórmula en particular porque expresa respeto por la capacidad de elegir de la otra persona, así como por la propia. Les recuerda a ambas partes las opciones que tienen.

8. *«Yo no puedo, pero tal vez a X le interese».* Resulta tentador pensar que nuestra ayuda es inestimable, pero, con frecuencia, a las personas que piden algo en realidad no les importa si somos nosotros quienes se la demos, siempre y cuando obtengan el apoyo que necesitan.

A Kay Krill, directora ejecutiva de Ann Inc. (Ann Taylor y las tiendas de ropa LOFT), le costaba mucho trabajo rechazar invitaciones sociales. Como resultado, solía terminar en eventos a los que no tenía interés en asistir. Solía ir a fiestas de la oficina y lo lamentaba desde el momento en que llegaba.

Un día, uno de sus mentores se le acercó y le dijo que tenía que aprender a deshacerse de las personas y de las cosas que no le importaban, pues eso le permitiría invertir el cien por cien de su energía en lo que tenía sentido para ella. Ese consejo la liberó. Ahora es capaz de elegir. Con la práctica, le resulta fácil declinar amablemente una invitación. Kay explica: «Digo que no con mucha facilidad porque sé lo que es importante para mí. Solo desearía haber aprendido a hacerlo antes».[11]

Decir que no es una capacidad de liderazgo en sí misma. No es solo una habilidad secundaria. Como con cualquier habilidad, comenzamos con una experiencia limitada. Somos nuevos en el «no». Luego aprendemos algunas técnicas básicas. Cometemos errores. Aprendemos de ellos. Desarrollamos más habilidades. Seguimos practicando. Pasado un tiempo tenemos todo un repertorio a nuestra disposición y al final terminamos dominando un arte social. Podemos manejar casi cualquier petición de casi cualquier persona con elegancia y dignidad. Tom Friel, ex director ejecutivo de Heidrick & Struggles, una vez me dijo: «Debemos aprender el "sí" lento y el "no" rápido».

12

Líbrate de los compromisos

Gana a lo grande al reducir tus pérdidas

> El origen de la mitad de los problemas de esta vida es decir que sí demasiado rápido y no decir que no lo suficientemente pronto.
>
> Josh Billings

Según todos los cálculos, el jet Concorde fue un logro sorprendente de la ingeniería aeronáutica. A bordo de este avión de pasajeros podías volar de Londres a Nueva York en apenas dos horas, cincuenta y dos minutos y cincuenta y nueve segundos.[1] Es menos de la mitad del tiempo que tarda un avión tradicional, lo cual hizo del Concorde el avión de pasajeros más rápido del mundo.

Por desgracia, también fue un fracaso financiero extraordinario. Por supuesto, muchas buenas ideas, innovaciones y productos lo son, pero este caso fue distinto porque el Concorde perdió dinero de manera constante durante más de cuatro décadas. Aun así, cada vez que se salía de presupuesto, los gobiernos de Francia y de Inglaterra invertían más y más dinero. Lo hacían a pesar de que sabían que la posibilidad de recuperar sus continuas inversiones, sin mencionar los gastos originales, era minúscula. Debido a las plazas limitadas del avión, los pocos encargos que había y los altos costos de producción, estaba claro que, incluso con cálculos exagerados, el proyecto nunca sería rentable. De hecho, los documentos del gabinete británico, cuando, pasados treinta años, se desclasificaron por ley, revelaron que los ministros del gobierno de la época sabían que la inversión «no podría sostenerse en condiciones económicas normales».[2]

¿Por qué unos funcionarios inteligentes y capaces de los gobiernos británico y francés continuaron invirtiendo durante tanto tiempo en lo que a todas luces era una apuesta perdida? Una razón es la llamada «tendencia de los costos hundidos», un fenómeno psicológico muy común.

La tendencia de los costos hundidos consiste en seguir invirtiendo tiempo, dinero o energía en algo que sabemos que es una apuesta perdida simplemente porque ya hemos asumido o hundido un costo que no se puede recuperar. Pero, por supuesto, esto se puede convertir en un círculo vicioso: cuanto más invertimos, más decididos estamos a ver las ganancias de nuestra inversión. Cuanto más invertimos en algo, más difícil resulta dejarlo ir.

Los costos hundidos para desarrollar y construir el Concorde fueron de casi mil millones de dólares. No obstante, cuanto más dinero invertían los gobiernos británico y francés, más difícil resultaba dejarlo.[3] Los individuos son igualmente vulnerables a la tendencia de los costos hundidos. Esto explica que sigamos sentados viendo una película malísima porque ya pagamos el precio de la entrada. Explica que continuemos invirtiendo dinero en la renovación de una casa que parece que no vaya a terminar nunca. Explica que nos quedemos esperando un autobús o un vagón de metro que nunca llega en vez de llamar un taxi, y explica que invirtamos en relaciones tóxicas incluso si nuestros esfuerzos solo empeoran las cosas. Abundan los ejemplos como estos. Piensa en la historia, un tanto extraña, de Henry Gribbohm, un hombre que hace poco se gastó los ahorros de toda su vida, 2.600 dólares en total, en un juego de feria intentando ganar un plátano de peluche enorme. Cuanto más gastaba, más decidido estaba a ganar. Según Henry, «Te enganchas con la idea de "Tengo que recuperar mi dinero", pero no sucedió así».[4] Cuanto más invertía tratando de ganar ese objeto para nada esencial, más difícil le resultaba dejarlo y marcharse.

¿Alguna vez has seguido invirtiendo tiempo o esfuerzo en un proyecto no esencial en vez de reducir tus pérdidas? ¿Alguna vez has seguido metiendo dinero en una inversión que no estaba dando frutos en lugar de retirarte? ¿Alguna vez has seguido avanzando por un callejón sin salida porque no eras capaz de admitir: «No debí haber tomado esta dirección»? ¿Alguna vez has estado inmerso en el círculo de «gastar más dinero para recuperar lo gastado»? Un no esencialista no puede liberarse de este tipo de trampas. Un esencialista tiene el valor y la confianza de admitir sus errores para librarse del compromiso, a pesar de los costos hundidos.

No esencialista	Esencialista
Pregunta: «¿Por qué detenerme ahora cuando ya he invertido tanto en este proyecto?».	Pregunta: «Si no estuviera invirtiendo ya en este proyecto, ¿cuánto estaría dispuesto a invertir?».
Piensa: «Si lo sigo intentando, puedo hacer que esto funcione».	Piensa: «¿Qué más podría hacer con este tiempo o con este dinero si me retiro ahora?».
Odia admitir un error.	Se siente cómodo reduciendo las pérdidas.

La tendencia de los costos hundidos, aunque muy común, no es la única trampa no esencialista de la que te tienes que cuidar. A continuación encontrarás otras trampas comunes y algunos consejos para librarte de ellas con amabilidad, elegancia y un costo mínimo.

Evita las trampas de los compromisos

CUIDADO CON EL EFECTO DONACIÓN

La sensación de posesión es algo poderoso. Como dice el dicho, ¡nadie en la historia del mundo ha lavado un coche alquilado! Esto se debe al llamado «efecto donación», que es la tendencia a subestimar lo que no es nuestro y a sobrevalorar las cosas porque ya las tenemos.

Daniel Kahneman, investigador premiado con el Nobel, dirigió un estudio que demuestra el poder del efecto donación. Él y sus colegas regalaron unas tazas a la mitad de los sujetos de un experimento.[5] A los del primer grupo les preguntaron por cuánto estarían dispuestos a vender sus tazas, mientras que a los del segundo grupo les preguntaron cuánto estarían dispuestos a pagar por ellas. Resultó que los estudiantes que eran «dueños» de las tazas se negaron a venderlas por menos de 5,25 dólares, mientras que quienes no tenían taza estaban dispuestos a pagar de 2,25 a 2,75 dólares. En otras palabras, el simple hecho de la posesión hacía que los dueños de las tazas valoraran los objetos mucho más y que estuvieran menos dispuestos a deshacerse de ellos.

En cuanto a ti, estoy seguro de que puedes identificar objetos que te parecen más valiosos cuando piensas en regalarlos. Puede ser un libro guardado en la estantería y que no has leído en años, un electrodoméstico que sigue en la caja o el suéter que te regaló la tía Mildred, pero que nunca te pones. Tanto si usas o disfrutas de estas cosas como si no, inconscientemente, el simple hecho de que sean tuyas hace que las valores mucho más que si no te pertenecieran.

Por desgracia, tenemos esta tendencia en lo que respecta tanto a actividades no esenciales como a pertenencias. El proyecto que no está yendo a ningún lado en el trabajo parece mucho más fundamental cuando formamos parte del equipo que lo dirige. El compromiso de participar como voluntarios en la venta de pasteles del barrio es más difícil de eludir cuando somos nosotros quienes organizamos la recaudación de fondos. Cuando sentimos como «nuestra» una actividad, nos resulta más difícil librarnos del compromiso. No obstante, a continuación te doy un consejo útil.

FINGE QUE TODAVÍA NO LO TIENES

Tom Stafford describe un antídoto simple para el efecto donación.[6] En vez de preguntar: «¿Cómo valoro este objeto?», podríamos preguntar: «Si no tuviera este objeto, ¿cuánto pagaría por obtenerlo?». Lo mismo vale en cuanto a las oportunidades y el compromiso. No preguntes: «¿Cómo me sentiré si pierdo esta oportunidad?», sino más bien: «Si no tuviera esta oportunidad, ¿qué estaría dispuesto a sacrificar por ella?». De igual manera, podemos preguntar: «Si no estuviera involucrado en este proyecto, ¿cuánto trabajaría para participar en él?».[7]

SUPERA EL MIEDO A DESPERDICIAR

Hal Arkes, profesor de psicología de la Universidad Estatal de Ohio, estudioso del juicio en la toma de decisiones, estaba intrigado por un enigma: ¿por qué los adultos son mucho más vulnerables a la tendencia de los costos hundidos que los niños pequeños? La respuesta, según él, es una vida entera de exposición a la regla de «no desperdiciar», de tal manera que, para cuando son adultas, las personas están entrenadas para evitar parecer malgastadoras, incluso ante ellas mismas.[8] «Abandonar un proyecto en el que has invertido mucho da la sensación de haberlo desperdiciado todo, y el desperdicio es algo que nos dicen que debemos evitar», afirma Arkes.[9]

Para ilustrar esto, propuso la siguiente situación hipotética a un grupo de participantes: «Suponed que habéis gastado 100 dólares en un billete para un viaje de fin de semana a Michigan para esquiar. Tiempo después, compráis un billete de 50 dólares para ir de fin de semana a esquiar a Wisconsin. Creéis que vais a disfrutar más el viaje a Wisconsin que el viaje a Michigan. Cuando estáis poniendo en la cartera el billete para ir a Wisconsin, os dais cuenta de que los dos viajes son para el mismo fin de semana. Es demasiado tarde para devolver cualquiera de los dos billetes. Debéis elegir uno». Al preguntar: «¿A qué viaje de fin de semana decidís ir?», más de la mitad dijo que optaría por el viaje más caro, aunque pensaran que lo iban a disfrutar menos. Su razonamiento (equivocado) era que usar el billete más barato implicaría desperdiciar más dinero que usar el caro. Es natural no querer dejar ir lo que desperdiciamos en una mala elección, pero si no lo hacemos, nos condenamos a seguir desperdiciando aún más.

ADMITE EL FRACASO PARA COMENZAR EL ÉXITO

Recuerdo a un amigo que nunca se detenía a preguntar cómo llegar porque no era capaz de admitir que estaba perdido. Desperdiciaba tiempo y energía conduciendo en círculos, sin llegar a ningún lado, un ejemplo de actividad no esencial.

Solo si admitimos haber cometido un error al comprometernos con algo lograremos dejar el error en el pasado. Por otro lado, cuando insistimos en la negación, seguimos en círculos sin sentido. No debería ser vergonzoso admitir un error; después de todo, significa admitir que somos más sabios que antes.

DEJA DE INTENTAR ENCAJAR

En la película *Tootsie*, Dustin Hoffman encarna a un actor al que le cuesta conseguir trabajo. La película tiene un inicio cómico con una serie de audiciones fallidas. En una le dicen: «Necesitamos a alguien un poco mayor que usted». En la siguiente: «Estamos buscando a una persona más joven». Luego, en otra, le señalan: «No tiene la altura adecuada», a lo cual él responde: «No puedo ser más alto». El ejecutivo responde: «No. Estamos buscando a alguien más bajo». Desesperado por hacer que funcione, el personaje de Hoffman explica: «Mire, no tengo por qué ser así de alto. Llevo plataformas. Puedo ser más bajo». Entonces el ejecutivo insiste: «Lo sé, pero estamos buscando a alguien diferente». Persistente, el futuro actor repite: «Puedo ser diferente». La cuestión es que a menudo actuamos como el personaje de Dustin Hoffman, esforzándonos mucho por ser algo que no somos. Tanto en la vida personal como en la profesional, resulta muy tentador forzar algo que simplemente no encaja. ¿La solución?

PIDE UNA SEGUNDA OPINIÓN NEUTRAL

Cuando nos aferramos tanto en términos emocionales a tratar de forzar algo, suele venirnos bien un buen consejo. Alguien que no esté emocionalmente involucrado en la situación y que no se vea afectado por la elección puede abrirnos la puerta a dejar de forzar algo que a todas luces no funciona.

Una vez desperdicié meses de esfuerzo forzando un proyecto que no funcionaba. En retrospectiva, veo que cuanto más invertía, peor se ponían las cosas, pero mi respuesta irracional era invertir aún más. Pensaba: «¡Puedo hacer que funcione!». No quería aceptar que había estado desperdiciando mi esfuerzo. Al final expliqué mi frustración a un amigo que tenía la ventaja de no estar apegado emocionalmente al proyecto, alguien que no tenía la carga de los costos hundidos y que podía evaluar mis decisiones. Después de escucharme, me dijo: «No estás casado con esto». Y con esas sencillas palabras me liberó para que dejara de invertir en lo no esencial.

SÉ CONSCIENTE DE LA TENDENCIA DEL *STATU QUO*

La tendencia a seguir haciendo algo simplemente porque siempre lo hemos hecho en ocasiones se llama «tendencia del *statu quo*». Una vez trabajé en una empresa que usaba un sistema de evaluación de los empleados que me parecía tan anticuado que me dio curiosidad saber cuánto tiempo llevaba en funcionamiento. Al buscar en la empresa quién lo había creado, descubrí que nadie, ni siquiera el jefe de Recursos Humanos, que trabajaba allí desde hacía mucho, conocía su origen. Aún más sorprendente era que, en los diez años que había estado en la empresa, nadie hubiese cuestionado el sistema ni una sola vez. Es muy fácil aceptar a ciegas y no molestarse en cuestionar los compromisos solo porque ya están establecidos.

Una cura para la tendencia del *statu quo*, que se ha tomado prestada del mundo de la contabilidad, es la que sigue.

APLICAR UN PRESUPUESTO BASE CERO

Por lo general, cuando los contables preparan un presupuesto, usan el presupuesto del año anterior como parámetro para la proyección del año siguiente. Con el presupuesto base cero, en cambio, usan el cero. En otras palabras, cada elemento que se propone en el presupuesto debe ser justificado por completo. Aunque exige más esfuerzo, este tipo de presupuesto tiene muchas ventajas: los recursos se destinan de manera eficaz en función de las necesidades y no de la historia, se detectan solicitudes de presupuesto exageradas, se arroja luz sobre las operaciones obsoletas y se anima a las personas a tener un propósito y una forma de programar los gastos del proyecto más claros.

Puedes aplicar el presupuesto base cero a tus tareas. En lugar de intentar presupuestar tu tiempo a partir de los compromisos ya adquiridos, supón que no tienes nada encima de la mesa. Todos tus compromisos previos han desaparecido. Comienza de la nada, pregúntate qué agregarás hoy. Puedes hacerlo con todo, desde tus obligaciones financieras con proyectos en los que estás implicado hasta tus relaciones personales. Cada uso de tiempo, energía o recursos se tiene que justificar. Si ya no encaja, elimínalo por completo.

DEJA DE ASUMIR COMPROMISOS TRIVIALES

Los días de algunas personas están hasta el tope de compromisos adquiridos sin mucho conocimiento. Sabes a qué me refiero… Estás charlando con tu vecina sobre su ayuda a la recaudación de fondos para la asociación de padres, con tu colega sobre la nueva iniciativa que está encabezando o con tu amigo sobre el nuevo restaurante que quiere probar, y antes de que te des cuenta, zas, te has comprometido.

DE AHORA EN ADELANTE, HAZ UNA PAUSA ANTES DE HABLAR

Tal vez sea obvio, pero hacer una pausa de cinco segundos antes de ofrecer tus servicios puede reducir mucho la posibilidad de adquirir un compromiso del que luego te arrepentirás. Antes de decir: «Me parece genial, me encantaría», cierra la boca y pregúntate: «¿Esto es esencial?». Si ya te has implicado en algo que estás lamentando, trata de zafarte. Discúlpate y dile a la persona que cuando aceptaste no te diste cuenta de lo que eso significaría.

SUPERA EL MIEDO A QUEDAR FUERA

En este capítulo hemos visto una amplia evidencia que sugiere que la mayoría de nosotros tenemos aversión a las pérdidas de manera natural.

Como resultado, uno de los obstáculos que nos impide liberarnos de un compromiso actual es el miedo a quedar fuera de algo excelente.

PARA COMBATIR ESTE MIEDO, DA MARCHA ATRÁS

Una de las ideas que en los últimos años se ha hecho popular en los círculos de negocios es la de los «prototipos». Crear un prototipo, o un modelo de tamaño natural, permite a las empresas probar una idea o producto sin hacer una enorme inversión inicial. Para eliminar lo que no es esencial se puede usar la misma idea, de una forma que implica relativamente pocos riesgos, haciendo lo que Daniel Shapero, director de LinkedIn, llama «dar marcha atrás».[10]

Con la marcha atrás pruebas si eliminar una iniciativa o actividad tendrá consecuencias negativas. Por ejemplo, un ejecutivo con el que trabajo asumió un puesto alto en la empresa, y con ello heredó un proceso que su antecesor había implementado con un enorme esfuerzo: elaborar un informe semanal muy extenso y con mucho contenido visual sobre miles de temas producidos por los demás ejecutivos. Esta tarea consumía una enorme cantidad de la energía de su equipo, y su hipótesis era que no estaba añadiendo gran valor a la empresa. Así que, para probar su hipótesis, dio marcha atrás. Simplemente dejó de publicar el informe y esperó a ver qué respuesta había. Lo que descubrió fue que no parecía hacerle falta a nadie; después de varias semanas, nadie había mencionado el informe. Como resultado, concluyó que no era esencial para el negocio y que lo podía eliminar.

En nuestra vida social también podemos dar marcha atrás. ¿Tienes compromisos habituales con clientes, colegas, amigos o incluso con familiares que siempre pensaste que eran importantes para ellos pero que apenas aprecian? Eliminando, o por lo menos reduciendo, una actividad durante unos días o semanas puedes evaluar si realmente vale la pena o si a nadie le importa.

Incluso usando estas técnicas, es cierto que «librarse» de compromisos puede ser más difícil que no comprometerse de entrada. Nos sentimos culpables diciéndole que no a algo o a alguien con quien ya nos comprometimos y, reconozcámoslo, a nadie le gusta echarse atrás. No obstante, aprender a hacerlo —de tal modo que la gente te respetará por tu valor, firmeza y disciplina— es fundamental para convertirte en esencialista.

13

Edita

El arte invisible

Vi al ángel en el mármol y tallé hasta liberarlo.

MIGUEL ÁNGEL

Cada año en los Premios de la Academia el galardón más destacado es el de la mejor película. Los medios de comunicación especulan sobre la película ganadora desde varias semanas antes de la gala y la mayoría de los telespectadores se quedan despiertos hasta altas horas de la noche para conocer el resultado. Sin embargo, en la gala también se entrega un premio que tiene una repercusión mediática mucho menor: el premio al mejor montaje. Admitámoslo: son muchos los telespectadores que cambian de canal o van a la cocina a rellenar su cuenco de palomitas cuando se va a anunciar el ganador de este premio. Lo que la mayoría de la gente no sabe es que esos dos premios están muy relacionados: desde 1981 no ha habido una sola película que haya ganado en la categoría de mejor película sin, al menos, estar nominada al mejor montaje. De hecho, en casi dos tercios de los casos la película nominada para mejor montaje ha terminado ganando el premio a la mejor película.[1]

En la historia de los Premios de la Academia, el montador más respetado (aunque no el más conocido) ha sido Michael Kahn, que ha recibido ocho nominaciones —más que cualquier otro en la industria— y ha obtenido tres victorias. Aunque no es muy famoso, los filmes que ha editado sí lo son. Ha montado películas tan exitosas como *Salvar al soldado Ryan*, *En busca del arca perdida*, *La lista de Schindler* y *Lincoln*. De hecho, a lo largo de treinta y siete años, ha editado casi todas las películas de Steven Spielberg y se ha convertido en su mano derecha en el proceso de montaje. A pesar de esto, pocas personas conocen el nombre de Kahn. Por lo tanto, existen razones de peso para que algunas veces se denomine a la edición de películas el «arte invisible».

Sin lugar a dudas, el montaje o la edición de películas —que implica la estricta eliminación de lo trivial, lo poco importante o lo irrelevante— es un arte esencialista. Entonces ¿qué hace un buen editor? Cuando la rama de edición de la Academia de las Artes y las Ciencias Cinematográficas selecciona a sus nominados a la categoría de mejor montaje, sus integrantes, tal como escribió Mark Harris, «se esfuerzan mucho para no mirar aquello que se supone que deben estar mirando».[2] En otras palabras, un buen montador de películas hace que sea difícil no ver aquello que es importante, puesto que lo elimina todo, excepto los elementos que deben estar.

En el capítulo 6 comparamos la exploración con la labor de un periodista, ya que implica hacer muchas preguntas, así como escuchar y conectar todos los puntos, con la finalidad de distinguir las pocas cosas esenciales de las muchas triviales. Entonces, tiene sentido que la siguiente etapa del proceso esencialista, eliminar lo no esencial, signifique asumir el papel de editor tanto en tu vida como en el liderazgo.

Jack Dorsey es conocido por ser el creador de Twitter y el fundador y director ejecutivo de Square, una empresa de pagos móviles. Su enfoque esencialista de la administración es relativamente poco frecuente. En una cena a la que asistí hace poco, y en la cual habló, dijo que considera que el director ejecutivo es como el director editorial de la empresa. En otro evento, en Stanford, explicó lo siguiente: «Por "editorial" me refiero a que hay miles de cosas que podríamos estar haciendo, pero solo hay una o dos que en realidad son importantes. Y todas esas ideas [...] y aportaciones de ingenieros, asesores y diseñadores van a inundar constantemente lo que deberíamos estar haciendo. [...] Como editor, con frecuencia escucho esas aportaciones y decido cuál es la aportación (o la intersección de algunas de ellas) que tiene sentido para lo que estamos haciendo».[3]

Un editor no es solo aquel que dice que no a las cosas. Esto podría hacerlo un niño de tres años. Tampoco es aquel que simplemente elimina; de hecho, en cierto sentido, un editor en realidad añade. Lo que quiero decir es que un buen editor es alguien que usa la sustracción deliberada para dar vida a las ideas, al escenario, a la trama y a los personajes.

Asimismo, en la vida, editar de manera disciplinada te puede ayudar a mejorar tu rendimiento. Te permite incrementar tu habilidad para invertir energía y concentrarte en las cosas que realmente importan. Concede a las relaciones y a las actividades más significativas un espacio más amplio para florecer.

Editar ayuda a poner en práctica más fácilmente el Esencialismo, ya que hace a un lado cualquier asunto distractor, innecesario o incómodo. O, como dijo un editor de libros, «Mi trabajo es hacer lo más sencilla posible la vida del lector. La meta es ayudar al lector a comprender con la mayor claridad posible el mensaje o lección principal».

Por supuesto, editar también significa sacrificar cosas. En lugar de tratar de dar cabida a todo —cada personaje, cada giro inesperado, cada detalle—, el editor se pregunta: «¿Este personaje, giro inesperado o detalle lo hará mejor?». Es fácil que el autor —de películas, de libros o de periodismo— esté demasiado comprometido con cierta idea o con toda una obra, en especial cuando se ha matado trabajando en ella. Para él puede ser muy doloroso eliminar pasajes, páginas o hasta capítulos que tarda semanas, meses y tal vez incluso años en escribir. Sin embargo, esta eliminación disciplinada es fundamental para el oficio. Como dijo Stephen King, «mata a tus amores, mata a tus amores, aunque eso te rompa tu pequeño y egocéntrico corazón de escritorzuelo, mata a tus amores».[4]

No esencialista	Esencialista
Piensa que mejorar las cosas significa añadir algo.	Piensa que mejorar las cosas significa restar algo.
Está atado a cada palabra, imagen o detalle.	Elimina palabras, imágenes y detalles distractores.

Por supuesto, editar una película, un libro o cualquier otro tipo de trabajo creativo no es lo mismo que editar tu vida. En la vida no podemos darnos el lujo de volver a la conversación que acabamos de tener, a la reunión de la que acabamos de salir o a la presentación que acabamos de hacer y revisarlas, con un bolígrafo rojo en la mano. No obstante, es posible aplicar cuatro principios sencillos inherentes a la edición para editar las cosas no esenciales y sacarlas de nuestra vida.

Editar la vida

ELIMINA OPCIONES

Como es obvio, editar implica eliminar las cosas que confunden al lector y opacan el mensaje o la historia. Es cuestión de recordar que las películas y los libros bien editados son atractivos tanto para los ojos como para el cerebro.

Al tomar decisiones, la posibilidad de eliminar opciones puede ser aterradora, pero la verdad es que esa es la esencia misma de la toma de decisiones.[5] De hecho:

La raíz latina de la palabra «decisión» (*cis* o *cid*) significa «cortar» o «matar».

Esto puede verse en palabras como «incisión», «homicidio» o «fratricidio». Dado que, en última instancia, tener menos opciones es lo que permite que una decisión sea «más atractiva para los ojos y el cerebro», debemos crear la disciplina de deshacernos de opciones o actividades que pueden ser buenas, o incluso muy buenas, pero que se interponen en nuestro camino. Sí, tomar la decisión de eliminar algo bueno a menudo es doloroso. Sin embargo, posteriormente, cada corte produce alegría; tal vez no de inmediato, pero sí más adelante, cuando nos damos cuenta de que cada momento que ganamos se puede utilizar para algo mejor. Esta tal vez sea una de las razones que llevó a Stephen King a escribir lo siguiente: «Escribir es humano, editar es divino».[6]

CONDENSA

A muchas personas se les ha atribuido este acertado sentimiento: «Debo disculparme: si hubiera tenido más tiempo habría escrito una carta más corta». Es verdad que hacer menos puede ser más difícil, tanto en el arte como en la vida. Cada palabra, cada escena, cada actividad debe valer más. El editor busca de forma implacable que cada palabra cuente. En lugar de decirlo en dos oraciones, ¿puedes decirlo en una? ¿Es posible usar una palabra donde generalmente se usan dos? Como explica Alan D. Williams en su ensayo «¿Qué es un editor?», hay «dos preguntas básicas que el editor debería plantearle al autor: "¿Estás diciendo lo que quieres decir?" y "¿Lo estás diciendo de la manera más clara y concisa posible?"».[7] Condensar significa decirlo de la manera más clara y concisa posible.

Asimismo, en la vida, condensar nos permite hacer más con menos. Por ejemplo, cuando Graham Hill se mudó a un piso de 33 metros cuadrados de Nueva York, quería ver cómo podía condensar todas sus posesiones. El resultado final fue un diseño al que denominó el «pequeño joyero». El pequeño joyero funciona porque cada mueble tiene múltiples funciones. La pared de la izquierda, por ejemplo, sirve de gran pantalla para ver películas, y al mismo tiempo alberga dos camas para invitados que se pueden sacar cuando las visitas se quedan a dormir. La pared de la derecha se desdobla sobre el sofá y aparece una cama grande. Todo tiene una doble o triple función; en otras palabras, todo contribuye en gran medida a la vida en el apartamento. Este diseño resultó tan innovador que Hill lo convirtió en un negocio dedicado al arte de obtener más con menos espacio. Lo llamó, apropiadamente, LifeEdited.com

Sin embargo, para ser claros, condensar no significa hacer más al mismo tiempo, sino simplemente desperdiciar menos. Significa disminuir la proporción de palabras con respecto a las ideas, de metros cuadrados con respecto a la utilidad o de esfuerzo con respecto a los resultados. Así, pues, para aplicar el principio de «condensación» a nuestra vida debemos cambiar la proporción entre actividad y significado. Es preciso eliminar las múltiples actividades sin sentido y reemplazarlas por una actividad que sea muy significativa. Por ejemplo, un empleado con el cual trabajé (que estaba lo bastante bien establecido en su empresa como para no preocuparse de que lo despidieran) por lo general se ausentaba de la reunión semanal a la que otros empleados sí asistían y se limitaba a preguntarles después qué se había perdido. De este modo condensaba una reunión de dos horas en diez minutos e invertía el resto de ese tiempo ya compensado en tener listo el trabajo importante.

CORRIGE

El trabajo del editor no consiste solo en cortar o en condensar, sino también en lograr que algo esté bien. Puede tratarse de un cambio tan pequeño como una corrección gramatical o tan significativo como arreglar los fallos en la exposición de un argumento. Para hacerlo bien, el editor debe tener una idea muy clara del objetivo global de la obra que está editando. Como explica Michael Kahn, no siempre hace lo que Spielberg le dice que haga, sino que hace lo que él cree que quiere Spielberg. Comprender la intención global le permite hacer las correcciones que ni siquiera el mismo Spielberg a veces no es capaz de verbalizar.

De la misma manera, en nuestra vida, profesional o privada, podemos corregir el rumbo si regresamos a nuestro propósito central. Tener un objetivo global claro, como se planteó en el capítulo 10, permite examinarnos a nosotros mismos y comparar regularmente nuestras actividades o comportamientos con nuestro verdadero objetivo. Si no son los correctos, podemos editarlos.

EDITA MENOS

Esto puede parecer un poco contradictorio, pero los mejores editores no tratan de cambiarlo todo. Saben que algunas veces tener la disciplina de dejar algunas cosas exactamente como están es el modo más adecuado de usar su criterio editorial. Es una manera más en la que se expresa el arte invisible del editor. El mejor cirujano no es aquel que hace el mayor número de incisiones; así, en ocasiones los mejores editores son los menos intrusivos, los más mesurados.

Convertirnos en editores de nuestra vida también implica saber cuándo mostrar mesura. Una forma de lograrlo es editar nuestra tendencia a entrometernos. Por ejemplo, cuando alguien nos agrega a una cadena de correo electrónico, es bueno tratar de resistir la habitual tentación de ser el primero en responder. Cuando estamos en una reunión, resistamos la necesidad de poner nuestro granito de arena. Podemos esperar. Podemos observar. Podemos ver cómo se desarrollan las cosas. Hacer menos no es solo una poderosa estrategia esencialista, es además una poderosa estrategia editorial.

Un no esencialista ve la edición como una tarea discreta que solo se pone en práctica cuando las cosas se vuelven abrumadoras. Sin embargo, esperar demasiado tiempo para editar nos obligará a hacer cortes mayores, no siempre los que queremos. Editar nuestro tiempo y nuestras actividades continuamente nos permite hacer más ajustes menores, aunque deliberados, a lo largo del camino. Convertirse en esencialista significa que cortar, condensar y corregir será parte natural de nuestra rutina cotidiana, que la edición será una cadencia natural en nuestra vida.

14

Limita

La libertad de establecer límites

«No» es una oración completa.

Anne Lamott

Jin-Yung[1] trabajaba en una empresa de tecnología en Corea y estaba planeando su boda al mismo tiempo que se preparaba para una reunión de la junta directiva que tendría lugar tres semanas antes de su gran día. Su jefa, Hyori, le pidió que preparara el guion y todas las diapositivas para su presentación conjunta en la reunión, de modo que Jin-Yung trabajó varias jornadas de quince horas diarias y terminó rápidamente el encargo para poder dedicarse a los preparativos de la boda en los días previos a la reunión. Su jefa se quedó sorprendida y fascinada de que Jin-Yung hubiera terminado el trabajo con tanta anticipación y estuviera libre para ocuparse de lleno, durante cinco días ininterrumpidos, a su boda.

Entonces Jin-Yung recibió una petición urgente de su jefa: que terminase otro proyecto antes de la reunión de la junta directiva. En los varios años que llevaban trabajando juntas, Jin-Yung nunca le había dicho que no a Hyori, ni siquiera cuando decirle que sí significaba desbaratar su vida temporalmente (como sucedía con frecuencia). Hasta ese momento, Jin-Yung había dedicado incontables horas a realizar cada petición y encargo, a enviarlos en paquetes pulcros y completos, sin importar el sacrificio que significara. Sin embargo, esta vez no dudó y le dijo a su jefa que no. Decidió no disculparse ni justificar demasiado su respuesta. Simplemente le contestó: «Lo he planeado todo para este momento, he trabajado duro para conseguirlo y merezco tenerlo... ¡sin sentimiento de culpa!».

Después sucedió algo sorprendente. Todos los demás integrantes del equipo también dijeron que no, así que Hyori, la jefa, tuvo que llevar a cabo la tarea sola. Al principio se enfureció. Le tomó toda la semana acabar el trabajo y no estaba nada contenta. Sin embargo, tras dedicar varios días a la tarea, se dio cuenta de que había fallos de todo tipo en su manera de hacer las cosas hasta entonces. Pronto se percató de que si quería ser una jefa más eficaz, debía llevar las riendas y hablar claramente con cada miembro del equipo acerca de las expectativas, la rendición de cuentas y los resultados. Al final le agradeció a Jin-Yung que le hubiera ayudado a ver el error de sus procedimientos. Al establecer límites, Jin-Yung no solo le abrió los ojos a su jefa respecto a las nocivas dinámicas de equipo y creó un espacio para el cambio, sino que la manera de hacerlo le mereció su gratitud y respeto duraderos.

La desaparición de los límites es típica de nuestra era no esencialista. Por una parte, por supuesto, la tecnología ha desdibujado por completo las líneas divisorias entre el trabajo y la familia. Hoy en día no parece haber ningún límite con respecto al tiempo en que la gente espera que estemos disponibles para trabajar. (No hace mucho tuve un asistente ejecutivo que me entregó las horas posibles para la reunión con un cliente, una de las cuales era el sábado por la mañana, a pesar de que la reunión no era especialmente urgente, y tampoco se señalaba que fuera excepcional ofrecer citas un sábado. ¿Acaso el sábado se ha convertido en el nuevo viernes?, me pregunté). Sin embargo, la mayoría de la gente no se da cuenta de que el problema no es solo que los límites se hayan desdibujado, sino que la frontera del trabajo se ha movido nocivamente hacia el terreno familiar. Es difícil imaginar que los ejecutivos de la mayoría de las empresas aceptarían que los empleados llevaran a sus hijos al trabajo un lunes por la mañana; sin embargo, no parecen tener ningún problema en esperar que sus empleados se presenten en la oficina o trabajen en un proyecto los sábados o los domingos.

A Clayton Christensen, profesor de negocios de Harvard y autor de *El dilema de los innovadores*, le pidieron en una ocasión que hiciera este tipo de sacrificio. Trabajaba en una empresa de consultoría administrativa y uno de los socios se acercó a decirle que debía presentarse en la oficina el siguiente sábado para ayudarles con un proyecto. Clay simplemente respondió: «Ay, lo siento. Me he comprometido a pasar todos los sábados con mi esposa y mis hijos».

El socio, disgustado, se marchó enfurecido, pero después regresó y le dijo: «De acuerdo, Clay. He hablado con todo el equipo y me han asegurado que están dispuestos a venir el domingo. Así que espero verte aquí». Clay suspiró y contestó: «Aprecio que lo hayas intentado, pero el domingo no me va a ser posible. Mis domingos son para Dios, así que no podré venir». Si el socio se había decepcionado antes, ahora mucho más.

A pesar de ello, no despidieron a Clay por defender sus ideales y, aunque su decisión no fue bien recibida en ese momento, finalmente lo respetaron por haberla tomado. Los límites valieron la pena.

Clay recuerda: «Esto me enseñó una importante lección. Si hubiera hecho una excepción, habría tenido que hacerla muchas veces».[2] Los límites se asemejan un poco a las paredes de un castillo de arena. En cuanto dejamos caer una, el resto se derrumba de inmediato.

No negaré que establecer límites a veces es difícil. Que les funcionara a Jin-Yung y a Clay no significa que siempre sea así. Jin-Yung se arriesgó a perder la oportunidad laboral. La negativa de Clay a trabajar los fines de semana pudo haber truncado su carrera. Es verdad que los límites en ocasiones tienen un alto precio.

Sin embargo, no poner freno tiene un precio aún más alto: nuestra capacidad de elegir aquello que es esencial en la vida. Para Jin-Yung y Clay, ser respetados en el trabajo y dedicar tiempo a Dios y a la familia era más importante, por lo tanto, fue lo que decidieron priorizar de manera deliberada y estratégica. Si no estableces límites, al final no habrá ninguno. O peor aún, habrá límites, pero se establecerán por defecto —si no lo hace otra persona— en lugar de con planificación.

Los no esencialistas tienden a concebir los límites como restricciones o limitaciones, cosas que se interponen en el camino de su vida hiperproductiva. Para un no esencialista, establecer límites es señal de debilidad. Piensan que si son lo suficientemente fuertes, no necesitarán límites. Podrán lidiar con todo. Podrán hacerlo todo. No obstante, al no tener límites quieren hacer tantas cosas a la vez que tarde o temprano les resulta prácticamente imposible terminar alguna cosa.

Los esencialistas, en cambio, ven los límites como una forma de adquirir poder. Reconocen que los límites protegen su tiempo para que no sea secuestrado y a menudo los liberan del agobio de tener que decir que no a aquellas cosas que impulsan los objetivos de los demás en lugar de los propios. Saben que los límites claros les permiten eliminar proactivamente las peticiones y los obstáculos de los demás, que los distraen de lo verdaderamente esencial.

No esencialista	Esencialista
Cree que si tiene límites, será alguien limitado.	Sabe que si tiene límites se convertirá en alguien ilimitado.
Ve los límites como algo que restringe.	Ve los límites como algo liberador.
Se esfuerza mucho al intentar pronunciar un «no» directo.	Establece reglas por adelantado, que eliminan la necesidad de pronunciar un «no» directo.

Su problema no es tu problema

Por supuesto, el reto de establecer límites va mucho más allá del mero lugar de trabajo. En nuestra vida personal también existen algunas personas que parecen no conocer límites cuando nos solicitan algo que nos exige tiempo. ¿Sientes a menudo que tu sábado o tu domingo fue secuestrado por las necesidades de otra persona? ¿Hay alguien en tu vida que no parezca darse cuenta de que ha cruzado la línea?

Todos tenemos a alguien cercano que requiere mucha más atención de nuestra parte que los demás. Estas son las personas que hacen de sus problemas nuestros problemas. Nos distraen de nuestro objetivo. Solo se preocupan por sus necesidades y, si los dejamos, nos impiden rendir al máximo, ya que desvían nuestro tiempo y energía hacia actividades que son esenciales para ellos, en lugar de dejarnos concentrar en las actividades esenciales para nosotros.

Entonces ¿cómo seguir el ejemplo de Jin-Yung y de Clayton Christensen para establecer el tipo de límites que nos van a proteger de las necesidades de los demás? A continuación, hallarás una serie de reglas que puedes tener en cuenta.

NO LE QUITES A LA GENTE SUS PROBLEMAS

No digo que no ayudemos nunca a la gente. Deberíamos servir y amar a los demás, y estar presentes en su vida, por supuesto. Sin embargo, cuando las personas convierten sus problemas en los nuestros, no las estamos ayudando, sino autorizándolas. En cuanto asumimos su problema, lo único que estamos haciendo es restarles habilidad para resolverlo.

Henry Cloud, en su libro *Límites*, narra una historia justo acerca de esta clase de situaciones. Una vez fueron a verlo los padres de un hombre de veinticinco años. Querían que «arreglara» a su hijo. Él les preguntó por qué no habían llevado al hijo con ellos, y le respondieron: «Bueno, lo que pasa es que él cree que no tiene ningún problema». Después de escuchar su historia, Cloud los sorprendió al concluir: «Creo que su hijo está en lo cierto. Él no tiene ningún problema. [...] Ustedes sí. [...] Ustedes pagan, se inquietan, se preocupan, planifican y gastan energía para que él no se detenga. Él no tiene ningún problema, porque ustedes se lo quitaron».[3]

Entonces, Cloud les presentó una metáfora. Imagina un vecino llamado Bill que nunca riega el césped de su jardín. Sin embargo, cada vez que tú pones en marcha tu sistema de riego, el agua cae en él. Tu césped se está secando y poniendo de color marrón; en cambio, cuando Bill baja la vista ve su césped verde y piensa: «Mi jardín está muy bien». De esta manera, todos perdéis: tú has desperdiciado tus esfuerzos y Bill no ha desarrollado el hábito de regar su jardín. ¿Cuál es la solución? Como dice Cloud, «Debes levantar una cerca para sacar los problemas de Bill de tu jardín y dejarlos en el suyo, adonde pertenecen».

En el mundo laboral, la gente trata de usar nuestros aspersores para regar su césped todo el tiempo. Esto puede verse reflejado en un jefe que te inscribe en una comisión para elaborar su proyecto favorito, en una colega que te pide que colabores en un informe, presentación o propuesta al que ella misma no se ha dedicado aún, o en un colega que te detiene en el pasillo y no para de hablar justo cuando tienes que asistir a una reunión muy importante, hacer una llamada telefónica vital o terminar un trabajo urgente que te espera en tu escritorio.

Ante quienquiera que esté tratando de absorber tu tiempo y tu energía en su propio beneficio, la única solución es empezar a levantar cercas. Y no puedes esperar hasta el momento en que te hagan la petición, debes levantar las cercas con suficiente anticipación, marcando con claridad las cosas que quedan fuera de los límites, de manera que puedas desviar a las personas que solo te hacen perder el tiempo y, de paso, a los aprovechados. Recuérdalo bien: forzar a estas personas a resolver sus propios problemas te beneficia a ti tanto como a ellas.

LOS LÍMITES SON UNA FUENTE DE LIBERACIÓN

Esta verdad se demuestra a la perfección con la historia de una escuela ubicada junto a una calle muy transitada. Al principio, los niños solo podían jugar en un pedacito muy pequeño del patio, cerca del edificio, donde los adultos podían vigilarlos. Sin embargo, alguien decidió construir una cerca alrededor del patio. Ahora, los niños pueden jugar en todos y cada uno de los rincones del espacio. Su libertad, de hecho, se ha más que duplicado.[4]

De manera similar, cuando no establecemos límites claros en nuestra vida podemos terminar confinados dentro de los límites que otros nos han marcado. En cambio, cuando tenemos los límites claros, somos libres de elegir entre toda el área —o entre todo el rango de opciones— que nosotros deliberadamente hemos escogido para explorar.

ENCUENTRA LO QUE PARA TI ES INADMISIBLE

Cuando pido a los ejecutivos que identifiquen sus límites, rara vez pueden hacerlo. Saben que tienen algunos, pero son incapaces de expresarlos con palabras. La simple realidad es que si no puedes comunicarlos, ni a ti mismo ni a los demás, parece poco realista esperar que otras personas los respeten, incluso que se imaginen cuáles son.

Piensa en una persona que con frecuencia te saca de tu camino más esencial. Haz una lista de lo que consideras inadmisible, del tipo de peticiones o actividades provenientes de esa persona a las que simplemente te niegas a decir que sí, a menos que, de alguna manera, coincidan con tus prioridades o tus necesidades.

Otra prueba rápida para identificar lo que para ti es inadmisible es llevar un registro de cada ocasión en la que te sientas violentado o menospreciado por la petición de alguien. No es preciso esperar a que suceda algo extremo para que te des cuenta de ello. Incluso un pequeño «pellizco» (para usar una descripción que me parece útil cuando se quiere describir una violación menor de tus límites) que te haga sentir cuando menos una punzada de resentimiento —sea una invitación no deseada, sea una oportunidad no solicitada, sea la petición de un pequeño favor— es ya una pista para descubrir tus límites ocultos.

ESTABLECE CONTRATOS SOCIALES

Una vez me pusieron a trabajar en equipo con un colega que abordaba los proyectos de una manera opuesta a la mía. La gente predijo que terminaríamos peleados. Sin embargo, nuestra relación de trabajo en realidad fue bastante cordial. ¿Por qué? Porque cuando nos reunimos por primera vez expuse claramente mis prioridades, así como el tipo de trabajo extraordinario del cual estaba dispuesto a hacerme cargo durante el tiempo que durara el proyecto. «Pongámonos de acuerdo solo en lo que ambos queremos lograr —empecé diciendo—. Estas son un par de cosas que a mí me importan mucho». Y luego le pedí que hiciera lo mismo.

Así que trabajamos con un «contrato social» de por medio, similar al que Jin-Yung y su jefa establecieron en la historia del inicio del capítulo. El simple hecho de saber con anticipación qué objetivos perseguíamos y cuáles eran nuestros límites nos permitió evitar desperdiciar el tiempo del otro, atosigarnos el uno al otro con incómodas peticiones y distraernos de las cosas que considerábamos esenciales. En consecuencia, cada uno de nosotros fue capaz de rendir al máximo en el proyecto, y nos llevamos estupendamente a lo largo de todo el proceso, a pesar de nuestras diferencias.

Con práctica, hacer cumplir tus límites te resultará cada vez más y más fácil.

CUARTA PARTE

Ejecuta

¿Cómo podemos hacer las pocas cosas vitales casi sin esfuerzo?

Ejecuta

Cómo ejecutar sin esfuerzo

Existen dos formas de visualizar la ejecución.

Mientras que los no esencialistas tienden a forzar la ejecución, los esencialistas invierten el tiempo que han ahorrado eliminando lo no esencial en diseñar un sistema para ejecutar casi sin esfuerzo.

En el capítulo 1 comparamos nuestra vida con un armario completamente lleno y hablamos de cómo se dispondría a organizarlo un esencialista. Explicamos que si quieres que tu armario conserve el orden, debes mantener una rutina constante. Necesitas una bolsa grande para las cosas que debes desechar y hacer un montón muy pequeño de cosas que quieres conservar. Debes saber dónde está el punto limpio y los horarios de la tienda de artículos usados. Tienes que hacer espacio en tu agenda para llevar las cosas.

En otras palabras, una vez que has descubierto qué actividades y esfuerzos quieres conservar en tu vida, debes tener un sistema para ejecutarlos. No puedes esperar hasta que el armario esté a punto de reventar para hacer un esfuerzo sobrehumano y limpiarlo. Debes implementar un sistema, de manera que mantenerlo en orden se vuelva una rutina y no implique esfuerzos.

Es propio de la naturaleza humana querer hacer cosas fáciles. En esta parte del libro vas a aprender cómo ejecutar las cosas correctas —las cosas esenciales— con la mayor facilidad y con los menos problemas posibles.

15

Amortigua

La ventaja injusta

> Dame seis horas para cortar un árbol y pasaré las primeras cuatro afilando el hacha.
>
> Atribuido a ABRAHAM LINCOLN

En la Biblia hebrea se narra la historia de José (conocida por el famoso musical de Broadway *Joseph and the Amazing Technicolor Dreamcoat*), que salva a Egipto de una cruel hambruna de siete años. El faraón tuvo un sueño que no pudo interpretar y les pidió a sus sabios consejeros que se lo explicaran correctamente. Ellos tampoco pudieron interpretarlo, pero alguien recordó que José, que en esa época estaba encarcelado, tenía la reputación de conocer el significado de los sueños, así que lo llamaron.

En el sueño, el faraón estaba de pie junto a un río cuando vio a siete vacas de «carnes gordas» salir del agua y ponerse a pastar en una pradera. Luego salieron otras siete, pero estas eran de «carnes flacas». Las vacas del segundo grupo se comieron a las del primero. José le explicó al faraón que el sueño significaba que en Egipto habría siete años de abundancia y luego siete años de hambruna. Por lo tanto, con el fin de amortiguar los años de hambruna, José le sugirió al faraón que designara a alguien «discreto y sabio» para separar una quinta parte de la cosecha de cada año, durante siete años, y almacenarla. El plan fue aprobado y a José le otorgaron el puesto de visir, o segundo al mando, de Egipto. Ejecutó el plan a la perfección, así que cuando llegaron los siete años de hambruna, la gente de Egipto y de sus alrededores, incluyendo la gran familia de José, se encontró a salvo. En esta sencilla historia se explica una de las prácticas esencialistas más útiles que se emplean para garantizar una ejecución sin esfuerzos.

La realidad es que vivimos en un mundo impredecible. Dejando de lado los acontecimientos extremos, como las hambrunas, nos enfrentamos a lo inesperado constantemente. No sabemos si el tránsito estará despejado o congestionado. No sabemos si nuestro vuelo llevará retraso o se cancelará. No sabemos si mañana resbalaremos en una calle mojada y nos romperemos la muñeca. En el trabajo, de modo parecido, no sabemos si un proveedor se va a retrasar o si un colega va a cometer algún error, o si un cliente va a cambiar sus instrucciones en el último minuto, etcétera. Lo único que podemos esperar (sin grandes certezas) es lo inesperado. Por consiguiente, podemos o bien aguardar ese momento y reaccionar ante la situación, o bien prepararnos. Crear un amortiguador.

Un «amortiguador» se define, literalmente, como algo que impide que dos cosas entren en contacto y se dañen una a otra. Por ejemplo, una «zona de amortiguación» ubicada en la periferia de un área ambientalmente protegida es una extensión de tierra que se utiliza para crear un espacio mayor entre esa área protegida y cualquier amenaza potencial que pudiera infiltrarse.

En una ocasión, estaba tratando de explicarles a mis hijos el concepto de los amortiguadores. Íbamos todos juntos en el coche y quise explicarles la idea mediante un juego. Imaginad, les dije, que tenemos que llegar sin detenernos a nuestro destino, que está a cinco kilómetros de aquí. Casi de inmediato los niños comprendieron el reto. No podíamos predecir lo que iba a ocurrir frente a nosotros o a nuestro alrededor. No sabíamos durante cuánto tiempo el semáforo iba a estar en verde o si el coche de enfrente de repente daría un volantazo o un gran frenazo. La única manera de protegernos de un choque era dejando más espacio entre nuestro coche y el de enfrente. Este espacio hacía las veces de amortiguador. Nos daba tiempo para responder y adaptarnos a cualquier movimiento repentino o inesperado de los demás coches. Nos permitía evitar el problema de las paradas y los arranques violentos.

De un modo parecido, podemos reducir los problemas que implica ejecutar lo esencial en nuestro trabajo y en nuestra vida simplemente creando un amortiguador.

Durante el «juego» del coche con mis hijos, ellos comprendieron que si me distraía hablando y riendo olvidaría la zona de amortiguación y me acercaría demasiado al coche de enfrente. Entonces tendría que hacer algo «forzado» —como dar un volantazo o pisar a fondo el freno en el último segundo— para corregir el rumbo. Algo similar puede suceder si olvidamos respetar y mantener los amortiguadores en nuestra vida. Estamos ocupados y distraídos y, antes de que nos demos cuenta, se cumple el plazo para terminar el proyecto y llega el día de la gran presentación, sin importar cuánto tiempo extra le hayamos dedicado. En consecuencia, nos vemos forzados a «dar un volantazo» o a «pisar a fondo el freno» en el último minuto. Gracias a la química, sabemos que los gases se expanden hasta llenar el espacio en el que se encuentran; del mismo modo, todos hemos experimentado cómo los proyectos y los compromisos tienden a expandirse —por mucho que nos esforcemos— y consumen todo el tiempo que les asignamos.

Piensa si esto sucede a menudo en las presentaciones, reuniones y talleres a los que has asistido. ¿Cuántas veces has visto a alguien tratando de mostrar una gran cantidad de diapositivas en muy poco tiempo? ¿Cuántas veces te has dado cuenta en una conferencia de que el presentador interrumpe una interesante conversación porque se siente obligado a comunicar todo el contenido que había planeado? Yo lo veía con tanta frecuencia que empecé a creer que esa era la circunstancia normal. Hasta que trabajé con un profesor que tenía una filosofía diferente, y resultó verdaderamente liberador. Dicho profesor estaba diseñando un taller de cuatro horas, y en lugar de dejar los clásicos diez minutos de preguntas y comentarios al final de la sesión, propuso dedicarles una hora completa. Explicó: «Me gusta contar con un holgado margen de tiempo en caso de que surjan cosas». Al principio, su idea fue rechazada por indulgente, y le indicaron que volviera al formato tradicional. Por supuesto, la clase rebasó el tiempo asignado y el profesor intentó apresurar el contenido restante. A partir de entonces, la clase cambió de formato y se le concedió la hora que en principio había sugerido. Las cosas sucedieron como las había planeado, pero esta vez había creado un amortiguador. Ahora la clase termina a tiempo y el profesor puede concentrarse en enseñar, en lugar de en apresurarse.

Una madre que conozco aprendió una lección similar cuando se estaba preparando para salir de vacaciones con su familia. Antes, para irse de vacaciones, hacía las maletas la noche anterior. Inevitablemente terminaba quedándose despierta hasta muy tarde, gastando energía, durmiendo poco, para acabar de preparar las cosas por la mañana, olvidando algo, saliendo tarde y teniendo que «forzar la máquina» durante el largo camino para compensar el retraso. Esta vez, en cambio, empezó a hacer las maletas con una semana de antelación. Se aseguró de que el coche estuviera completamente cargado por la noche, de tal forma que por la mañana lo único que tuvo que hacer fue despertar a los niños y meter a toda la familia en el coche. Funcionó. Salieron temprano, habiendo dormido bien, no se dejaron nada y cuando se toparon con tráfico, no resultó estresante porque tenían un amortiguador para esa posibilidad. Como resultado, no solo llegaron a tiempo, sino que además disfrutaron de un viaje sin problemas que incluso resultó placentero.

Los no esencialistas siempre tienden a adoptar la postura de la mejor previsión. Todos conocemos a personas así (y muchos de nosotros, yo también, lo hemos sido), que continuamente subestiman cuánto tiempo les va a tomar hacer algo: «Esto solo me va a tomar cinco minutos» o «Para el viernes ya habré terminado ese proyecto» o «Solo voy a tardar un año en escribir mi ópera prima». Sin embargo, inevitablemente, esas cosas toman más tiempo, sucede algo inesperado, la tarea termina siendo mucho más demandante de lo que se había previsto o el cálculo fue demasiado optimista desde el inicio. Cuando ocurre esto se abandonan al problema, y los resultados son los que pagan las consecuencias. Quizá pasan noches en vela para lograrlo. Quizá toman atajos, entregan un proyecto incompleto o, peor aún, fracasan por completo. O quizá dejan que otra persona del equipo les haga el trabajo. De cualquier manera, no consiguen ejecutar a su máximo nivel.

La forma de proceder del esencialista es diferente. El esencialista mira hacia delante. Planea. Se prepara para las diferentes contingencias. Espera lo inesperado. Crea un amortiguador para hacer frente a lo imprevisto; así, se da a sí mismo un margen de maniobra para cuando las cosas pasan, como inevitablemente sucede.

No esencialista	**Esencialista**
Asume que la mejor previsión posible es la que se hará realidad.	Construye un amortiguador para los eventos inesperados.
Fuerza la ejecución en el último minuto.	Pone en práctica la preparación extrema y anticipada.

Cuando a un no esencialista le cae dinero del cielo, tiende a gastarlo en lugar de guardarlo para los tiempos difíciles. La manera en que las naciones han respondido a los hallazgos de petróleo es un ejemplo de ello. Veamos el caso de cuando, en 1980, Gran Bretaña descubrió petróleo en el mar del Norte. El Gobierno recibió de repente una inmensa ganancia inesperada en impuestos adicionales, aproximadamente 166 mil millones de libras (250 mil millones de dólares) en una década.[1] Hay voces a favor y en contra de cómo se utilizó ese dinero. Sin embargo, lo que no se puede cuestionar es que el dinero se utilizó. En lugar de crear un fondo para prepararse ante catástrofes inesperadas (tales como, visto en retrospectiva, la siguiente gran recesión), el Gobierno británico gastó ese dinero de otras maneras.

El proceder del esencialista, en cambio, es aprovechar los buenos tiempos para crear un amortiguador para los malos. Noruega también se benefició enormemente de las ganancias inesperadas por los impuestos del petróleo, pero a diferencia de Gran Bretaña, invirtió gran parte de su buena fortuna en crear un fondo.[2] Ese fondo se ha incrementado con el paso del tiempo y en la actualidad está valorado en la extraordinaria cantidad de 720 mil millones de dólares, lo cual lo convierte en el fondo soberano de riqueza más grande del mundo y proporciona un colchón contra futuras contingencias desconocidas.[3]

Hoy en día, el ritmo de nuestra vida es cada vez más veloz. Es como si estuviéramos conduciendo a tres centímetros de distancia de otro coche a 160 kilómetros por hora. Si ese conductor hace el más mínimo movimiento inesperado —basta con que baje un poquito la velocidad o de un pequeñísimo volantazo— lo vamos a embestir de lleno. No hay espacio para el error. En consecuencia, la ejecución a menudo es muy estresante, frustrante y forzada.

A continuación hay algunos consejos para evitar que tu trabajo —y tu salud mental— dé un volantazo y te eche del camino, gracias a la creación de un amortiguador.

PREPÁRATE A FONDO

Cuando era estudiante de posgrado en Stanford aprendí que la clave para obtener altas calificaciones era prepararme a fondo. En el momento en que recibíamos los programas de estudio de las clases, les sacaba copias y las pegaba junto a un calendario de todo el semestre. Antes del primer día de clases, yo ya sabía cuáles serían los grandes proyectos y empezaba a trabajar en ellos de inmediato. Esta pequeña inversión en la preparación reducía el estrés de todo el semestre porque sabía que tenía mucho tiempo para dejar listas las tareas, aun si mi carga de trabajo aumentaba de repente, si una emergencia familiar me obligaba a faltar a alguna clase o si se presentaba cualquier otro evento inesperado.

El valor de prepararse a fondo a una escala mayor se puede apreciar en la historia de Roald Amundsen y Robert Falcon Scott, en su competición por ser la primera persona en la historia moderna en llegar al Polo Sur. Ambos tenían el mismo objetivo. Sin embargo, se lo plantearon de formas distintas.[4] Amundsen se preparó para cualquier eventualidad que pudiera salir mal; Scott confió en que se cumpliría la mejor previsión. Para el viaje, solo se llevó un termómetro y se puso furioso cuando se le rompió. Amundsen se llevó cuatro termómetros. Scott almacenó una tonelada de comida para sus diecisiete hombres. Amundsen almacenó tres toneladas. Scott escondió suministros para el viaje de regreso en un solo sitio, marcado con una sola bandera, lo que significaba que si se desviaba, aunque fuera una pequeña fracción, de la ruta, su equipo no podría encontrarlos. Amundsen, por el contrario, plantó veinte banderas, a varios kilómetros de distancia unas de otras, para asegurarse de que su equipo las vería. Roald Amundsen se preparó diligentemente y leyó obsesivamente para su travesía, en cambio, Robert Falcon Scott hizo lo mínimo necesario.

Mientras que Amundsen previó descansos y amortiguadores en su plan, Scott esperaba que se dieran las circunstancias ideales. Los hombres de Scott sufrieron por fatiga, hambre y congelación, en cambio, el viaje del equipo de Amundsen se llevó a cabo relativamente (considerando las circunstancias) sin problemas. Amundsen terminó el viaje con éxito. Scott y su equipo murieron de forma trágica.

La importancia de la preparación a fondo la vemos clara en los negocios. De hecho, este ejemplo lo utilizan Jim Collins y Morten Hansen para demostrar por qué algunas empresas han prosperado bajo circunstancias extremas o difíciles, mientras que otras no lo han logrado. Analizaron 20.400 empresas, hasta quedarse con siete, y descubrieron que aquellas empresas que se desempeñaron de forma más exitosa no tenían mejores habilidades para predecir el futuro que las menos exitosas, pero sí reconocían que no podían predecir lo inesperado y, por lo tanto, se preparaban mejor.[5]

AGREGA EL 50 POR CIENTO AL TIEMPO CALCULADO

Conozco a una persona que siempre piensa que le va a tomar cinco minutos ir a la tienda porque una vez hizo el recorrido en cinco minutos. La verdad es que generalmente se tarda de diez a quince minutos en ir. Por sí mismo, este no sería un problema mayor, pero desgraciadamente esta persona procede igual en la mayoría de los cálculos que hace en la vida. Como resultado acostumbra a llegar tarde y, para empeorar las cosas, en un constante estado de estrés y con sentimiento de culpa. Ha estado atascada en este ciclo durante tantos años que ya ni siquiera reconoce que vive en constante estrés. Esto le ha afectado incluso físicamente. Sin embargo, todavía sigue creyendo que puede ir en cinco minutos a la tienda, o terminar la teleconferencia en media hora o el informe principal en una semana o cualquier otra cosa que esté tratando de recortar, y lo hace a cada rato. No obstante, los costos son altos tanto para ella como para la gente que la rodea. Haría una enorme contribución a todos estos esfuerzos apresurados si simplemente se decidiera a crear un amortiguador.

¿Alguna vez has subestimado el tiempo que te tomará terminar un trabajo? Si lo has hecho, estás lejos de ser el único. El término con que se denomina este fenómeno tan común es «la falacia de la planificación».[6]

Este término, acuñado por Daniel Kahneman en 1979, se refiere a la tendencia de la gente a subestimar el tiempo que le tomará hacer una tarea, aunque ya hayan hecho esa tarea antes. En un estudio, se les preguntó a treinta y siete estudiantes cuánto tiempo pensaban que tardarían en terminar su tesis. Cuando se les pidió que lo calcularan pensando en que «todo saliera lo mejor posible», el promedio estimado fue de 27,4 días. Cuando se les preguntó cuánto tiempo tardarían «si todo saliera lo peor posible», el promedio estimado fue de 48,6 días. Al final, el tiempo que en realidad les tomó a los estudiantes fue, de media, 55,5 días. Solo el 30 por ciento de los estudiantes terminó la tarea en el tiempo que habían calculado.[7] Curiosamente, las personas suelen admitir que tienen tendencia a subestimar, pero al mismo tiempo creen que sus cálculos son precisos.[8]

De la variedad de explicaciones de por qué subestimamos la cantidad de tiempo que nos tomará hacer algo, creo que la presión social es la más interesante. Un estudio concluyó que si la gente calculara de manera anónima el tiempo que tardaría en terminar un trabajo, dejarían de cometer la falacia de la planificación.[9] Esto significa que a menudo sabemos que no podemos hacer las cosas en un determinado lapso de tiempo, pero no queremos admitirlo ante nadie.

Por las razones que sea, el resultado es que tendemos a retrasarnos más de lo que decimos: llegamos tarde a las reuniones, entregamos tarde las cosas en el trabajo, pagamos tarde nuestras cuentas, etcétera. Por lo tanto, la ejecución se vuelve frustrante cuando pudo haberse llevado a cabo sin problemas.

Una manera de protegernos contra esto es simplemente agregar un amortiguador del 50 por ciento a la cantidad de tiempo que calculamos que nos hará falta para terminar una tarea o un proyecto (si el 50 por ciento te parece demasiado generoso, piensa en las muchas veces que las cosas requieren la mitad más de tiempo de lo esperado). Así, si te has reservado una hora para una teleconferencia, resérvate media hora más. Si calculaste que te tomaría diez minutos llevar a tu hijo al entrenamiento de futbol, sal de casa quince minutos antes de que empiece el entrenamiento. Esto no solo alivia el estrés que genera llegar tarde (sería mucho menos estresante estar parado en el atasco si no se te echara el tiempo encima, ¿verdad?), sino que además nos hace darnos cuenta de que la tarea es más rápida y fácil de ejecutar de lo que esperábamos (aunque esta es una experiencia extraña para la mayoría de nosotros), ya que nos tomamos el tiempo extra que ganamos como un bono.

HAZ PREVISIONES

Erwann Michel-Kerjan, el gerente principal del Centro de Gestión de Riesgos y Procesos de Decisión de Wharton, recomienda que todos, empezando por los jefes de Estado, preparemos una estrategia de gestión de riesgos. Por ejemplo, en coordinación con el Banco Mundial, investigó cuáles eran los países más vulnerables del mundo, y como resultado, Marruecos, situado en el puesto 58 de los 85 países analizados, según su grado de vulnerabilidad, tiene un plan de acción para prepararse ante ciertos riesgos.[10]

Cuando Erwann colabora con los gobiernos para crear estrategias de gestión de riesgos, les sugiere que empiecen planteándose cinco preguntas: (1) ¿Qué riesgos debemos afrontar y dónde? (2) ¿Qué bienes y poblaciones están expuestos y en qué grado? (3) ¿Cómo son de vulnerables? (4) ¿Qué peso financiero tienen esos riesgos para el presupuesto de los individuos, de los negocios y del Gobierno? y (5) ¿Cuál es la mejor manera de invertir para reducir los riesgos y fortalecer la resistencia económica y social?[11]

Podemos hacernos estas cinco preguntas respecto a la construcción de nuestros propios amortiguadores. Piensa en el proyecto más importante que estás tratando de terminar en el trabajo o en casa. Luego plantéate las siguientes cinco preguntas: (1) ¿A qué riesgos te enfrentas en este proyecto? (2) ¿Cuál es la peor previsión posible? (3) ¿Cuáles serían los efectos sociales? (4) ¿Cuál sería el impacto financiero? y (5) ¿Cómo puedes invertir para reducir los riesgos o fortalecer la resistencia financiera o social? Tu respuesta a esta quinta pregunta, que es fundamental, te guiará hacia los amortiguadores que puedes crear para protegerte de acontecimientos imprevistos (a lo mejor agregar otro 20 por ciento al presupuesto del proyecto, contratar a un experto en relaciones públicas para que se encargue de cualquier posible situación negativa con la prensa o convocar una reunión de la junta directiva para suavizar las expectativas de los accionistas).

Los esencialistas aceptan la realidad de que nunca podremos anticipar o preparar por completo cada situación o eventualidad; el futuro es demasiado impredecible. Sin embargo, construyen amortiguadores para reducir los problemas que ocasiona lo inesperado.

16

Resta

Logra más al eliminar los obstáculos

> Para conseguir conocimiento, añade cosas cada día. Para conseguir sabiduría resta cosas cada día.
>
> Lao-tzu

En la parábola empresarial *La meta*, Alex Rogo es un personaje ficticio que está abrumado por la responsabilidad de tener que darle un giro completo, en un plazo de tan solo tres meses, a una planta de producción que tiene muchos fallos.[1] Al principio no veía cómo podría lograrlo. Luego lo asesoró un profesor, que le explicó que podría conseguir un increíble progreso en ese corto tiempo si encontraba las «restricciones» de la planta. Las restricciones, le dijo, son los obstáculos que están frenando todo el sistema. Su mentor le explicó que, por muchas mejoras que hiciera en el resto de la planta, esta no mejoraría materialmente si no atendía las restricciones.

Mientras Alex estaba tratando de darle sentido a lo que acababan de enseñarle, decidió hacer una caminata con su hijo y algunos de sus amigos. Como líder de los Scouts, su responsabilidad era llevar a todos los niños de vuelta al campamento antes de que se pusiera el sol. Sin embargo, como sabe cualquiera que haya participado en una excursión de este tipo, lograr que un grupo de jovencitos mantenga el paso es más difícil de lo que parece, y Alex pronto se enfrentó con un problema: algunos de los Scouts avanzaban demasiado rápido y otros iban demasiado lentos. Herbie era el niño más lento de todos. Como resultado, la distancia entre los excursionistas del grupo de delante y Herbie, el rezagado, llegó a ser de kilómetros.

Al principio, Alex trató de resolver el problema pidiéndoles a los de delante que se detuvieran y esperaran hasta que los últimos los alcanzaran. Esto mantuvo al grupo unido durante un rato, pero en el momento en que comenzaron a caminar de nuevo se volvió crear una separación como antes.

Entonces, Alex decidió intentar algo diferente. Puso a Herbie al frente del grupo y alineó a todos los demás niños en orden de velocidad: del más lento al más rápido. Parece contradictorio tener a la persona más rápida en la última posición de la fila, pero en cuanto Alex organizó esto, los niños empezaron a moverse en un solo grupo. Cada niño le seguía el ritmo al que tenía delante. La ventaja de hacerlo así era que podía vigilar a todo el grupo al mismo tiempo. La desventaja era que ahora toda la tropa avanzaba al ritmo de Herbie, así que llegarían tarde. ¿Qué debía hacer?

La respuesta a la que Alex llegó fue que debía hacer todo lo necesario para facilitarle las cosas a Herbie. Con el niño más lento al frente de la fila, si Herbie se movía un metro por hora más rápido, toda la tropa llegaría a su destino mucho antes. Esta fue una extraordinaria apreciación. Cualquier progreso que hiciera Herbie, por pequeño que fuera, mejoraría de inmediato el ritmo de todo el equipo. Entonces le quitó peso a la mochila de Herbie (la comida y las provisiones adicionales que llevaba) y lo distribuyó entre los demás miembros del grupo. Y, de hecho, esta medida mejoró instantáneamente la velocidad de todo el grupo. Llegaron al campamento a muy buena hora.

En un momento de epifanía, Alex vio que este enfoque también podía aplicarse a su planta de producción para darle un giro total. En lugar de tratar de mejorar cada aspecto de la instalación, necesitaba identificar a su «Herbie»: la parte del proceso más lenta en relación con cada una de las demás partes de la planta. Lo hizo investigando qué máquina tenía la lista de espera de materiales más larga, y encontró una manera de incrementar su eficiencia. Esto, a su vez, mejoró la eficiencia del siguiente «excursionista más lento», y así sucesivamente, hasta que la productividad de toda la planta empezó a mejorar.

La pregunta es: ¿cuál es el «excursionista más lento» en tu trabajo o en tu vida? ¿Cuál es el obstáculo que te está dejando atrás y no te permite lograr lo que de verdad te importa? Si identificas y eliminas sistemáticamente esta «restricción», serás capaz de reducir de manera significativa los problemas que te impiden ejecutar lo esencial.

Sin embargo, esto no se puede lograr sin una buena planificación. El simple hecho de encontrar cosas que necesitan arreglo aquí y allá puede llevarte a hacer mejoras marginales y a corto plazo, en el mejor de los casos; pero en el peor de los casos desperdiciarás tiempo y esfuerzo mejorando aspectos que no tienen demasiada importancia. No obstante, si de verdad quieres mejorar el funcionamiento general del sistema —tanto si es un proceso de manufactura como un procedimiento en tu área de trabajo o una rutina de tu vida diaria— debes identificar al «excursionista más lento».

Un no esencialista se aproxima a la ejecución de una manera reactiva y azarosa. Dado que el no esencialista siempre está reaccionando ante las crisis, en lugar de anticiparlas, se ve obligado a aplicar soluciones improvisadas: el equivalente a tapar con el dedo el agujero por donde se fuga el agua de una presa y esperar que esta no reviente. Puesto que es hábil con el martillo, el no esencialista cree que todo es un clavo. Por lo tanto, ejerce cada vez más presión, lo cual termina por generar más problemas y frustración. De hecho, en algunas situaciones, cuanto más presionas a alguien, más fuerte retrocede.

Los esencialistas no recurren a soluciones improvisadas. En lugar de buscar los obstáculos más obvios o inmediatos, buscan aquellos que se están gestando lentamente. Se preguntan: «¿Qué se está interponiendo en el camino para lograr lo esencial?». Mientras que el no esencialista está ocupado ejerciendo cada vez más presión y acumulando cada vez más soluciones, el esencialista hace una sola inversión para eliminar los obstáculos. Este planteamiento no es solo para resolver problemas; es un método para reducir tus esfuerzos y maximizar tus resultados.

No esencialista	Esencialista
Acumula soluciones improvisadas.	Elimina obstáculos para progresar.
Hace más.	Logra más.

PRODUCE MÁS ELIMINANDO MÁS

Aristóteles habló de tres tipos de trabajo, aunque en nuestro mundo moderno acostumbramos a destacar solo dos. El primero es el trabajo teórico, cuyo fin último es la verdad. El segundo es el trabajo práctico, cuyo objetivo es la acción. Sin embargo, hay un tercero: el trabajo poiético.[2] El filósofo Martin Heidegger describió la *poiesis* como «crear o lograr».[3] Este tercer tipo de trabajo es la manera esencialista de afrontar la ejecución:

Un esencialista produce más —logra más— eliminando más en lugar de haciendo más.

A menudo no nos paramos a pensar detenidamente cuáles son los esfuerzos que van a producir resultados y cuáles no. Sin embargo, incluso cuando lo hacemos, es más fácil plantearse la ejecución en términos de suma que de resta. Si queremos vender más productos, contratamos a más vendedores. Si queremos producir más, aceleramos la producción. Existen suficientes pruebas que respaldan este punto de vista. No obstante, hay otra manera de pensar en mejorar los resultados. En lugar de concentrarnos en los esfuerzos y recursos que necesitamos añadir, el esencialista se concentra en las restricciones u obstáculos que es preciso eliminar. Pero ¿cómo?

1. TEN CLARA LA META ESENCIAL

No podemos saber qué obstáculos eliminar hasta que no tengamos claro cuál es el resultado deseado. Cuando ignoramos qué es lo que en realidad estamos tratando de lograr, cualquier cambio es arbitrario. Entonces, pregúntate: «¿Cómo sabremos que hemos terminado?». Por lo que se refiere al tema de este capítulo, digamos que tu meta es tener un borrador de unas quince cuartillas, que se adjunte a un correo electrónico y que se le haya enviado al cliente el jueves a las dos de la tarde. Nota: este es un resultado deliberadamente preciso, para nada vago.

2. IDENTIFICA AL «EXCURSIONISTA MÁS LENTO»

En lugar de lanzarte directamente en el proyecto, tómate cinco minutos para pensar. Pregúntate: «¿Cuáles son todos los obstáculos que se interponen entre mi persona y la culminación de este trabajo?» y «¿Qué me está impidiendo terminarlo?». Haz una lista de los obstáculos identificados, que pueden ser: no tener la información que necesitas, tu nivel de energía, tu deseo de perfección. Jerarquiza las entradas de la lista haciéndote la pregunta: «¿Cuál es el obstáculo que, si se eliminara, haría que la mayoría de los otros obstáculos desaparecieran?».

Cuando tratas de identificar a tu «excursionista más lento», una cosa importante que debes recordar es que incluso las actividades que son «productivas» pueden ser obstáculos (como investigar o escribir correos electrónicos para pedir información o reescribir el informe para que quede perfecto desde el principio). Recuerda: la meta deseada es tener listo un borrador del informe. Cualquier cosa que retrase la ejecución de esa meta debería ponerse en duda.

Con frecuencia se presentan múltiples obstáculos cuando queremos alcanzar cualquier meta esencial. Sin embargo, en cada ocasión siempre hay una sola prioridad. Eliminar arbitrariamente obstáculos puede no tener efecto alguno si el principal obstáculo no se retira. Retomando nuestro ejemplo, si redactar el texto es tu principal obstáculo, aunque contrates a alguien para que te haga la investigación puedes seguir estando lejos de escribir el famoso informe. Entonces, como Alex, que arregló la máquina menos eficiente primero, luego la segunda menos eficiente y así sucesivamente —en lugar de tratar de arreglarlas todas al mismo tiempo—, nosotros también debemos dedicarnos a eliminar los obstáculos uno por uno.

3. ELIMINA EL OBSTÁCULO

Digamos que tu «excursionista más lento» resulta ser tu deseo de hacer el informe perfecto. Por mucho que tengas decenas de ideas en mente para mejorar el informe, en este caso, tu meta esencial es enviar el borrador. Por lo tanto, para eliminar el obstáculo tienes que reemplazar la idea de «Esto debe estar como mínimo perfecto» por la de «Algo terminado es mejor que algo perfecto». Date la oportunidad de no dejarlo impecable desde el primer borrador. Al eliminar el principal obstáculo facilitas cualquier otro aspecto del trabajo.

El «excursionista más lento» podría incluso ser otra persona, como un jefe que no da luz verde a un proyecto, el departamento de finanzas que no aprueba el presupuesto o un cliente que no firma los documentos necesarios. Para reducir la fricción con otra persona, aplica la estrategia de «endulzarle el oído». Mándale un correo electrónico, pero en lugar de preguntarle si ya tiene listo el trabajo que necesitas (lo que obviamente no es así), pide ir a verlo en persona. Pregúntale: «¿Qué obstáculos o embudos te están retrasando para terminar X y cómo puedo ayudarte a eliminarlos?». En vez de incomodarlo, ofrécele tu apoyo sincero. Obtendrás una respuesta más cordial que si solo le escribieras para pedirle el trabajo.

Cuando nuestros hijos eran pequeños y yo estaba estudiando el posgrado, mi esposa se sentía muy presionada por lo demandante que le resultaba cuidar a los niños todo el día todos los días, y no sabía qué hacer para resolverlo. En esa época, yo estaba leyendo acerca de la teoría de las restricciones, así que la tenía muy presente. Siguiendo los pasos que aplicamos antes, mi esposa y yo nos dimos cuenta de que el principal obstáculo que la frenaba para contribuir de la mejor forma posible a la vida de nuestros hijos era la falta de tiempo para planear, pensar y preparar; después de todo, con tres hijos pequeños era casi imposible gozar de tiempo sin interrupciones. En consecuencia, trabajamos para eliminar ese obstáculo. Dejé muchas de las actividades extracurriculares que tenía para poder estar en casa por la tarde y contratamos a alguien que cuidara a los niños algunas horas por semana. El resultado fue que logramos estar más presentes y comprometidos durante el tiempo que pasábamos con nuestros hijos. En otras palabras, ambos terminamos haciendo menos, pero mejor.

Eliminar obstáculos no debe ser difícil ni debe requerir un esfuerzo sobrehumano. Por el contrario, podemos empezar por cosas pequeñas. Es más o menos como dejar caer una roca desde la cima de una colina. Todo lo que se necesita es un pequeño empujón, y luego, de manera natural, se generará impulso.

17

Progresa

El poder de las pequeñas victorias

> Cada día haz algo que te acerque un poco más a un mejor mañana.
>
> DOUG FIREBAUGH

Piensa en la última vez que te detuvo la policía mientras ibas conduciendo. ¿Acaso te preguntaste si te pondría una multa de las buenas o una de las malas? Seguramente no. Todo el mundo sabe que las multas siempre son malas, ¿verdad? Sin embargo, una innovadora comisaría de policía de Richmond, Canadá, piensa que esta es una suposición que debería de ser cuestionada.[1]

Una forma muy arraigada de combatir el crimen es aprobar leyes nuevas que sean más rigurosas, dictar sentencias más duras o presentar iniciativas de tolerancia cero. En otras palabras, hacer lo que se hacía hasta ahora, solo que más violentamente. Durante años, el Departamento de Policía de Richmond aplicó las perversas y anticuadas prácticas comunes en los sistemas policiales de todos lados y obtuvo los clásicos resultados: índices de reincidencia del 65 por ciento y una delincuencia juvenil en aumento. Así fue hasta que llegó un nuevo comisario, Ward Clapham, un joven con ideas progresistas, y puso en duda dichas prácticas.[2] ¿Por qué todos los esfuerzos policiales debían ser tan reactivos, tan negativos y tan posteriores a los hechos?, se preguntó. ¿Qué tal si en lugar de concentrarse en atrapar delincuentes —y ponerles siempre castigos más severos— después de que cometieran el delito, la policía dedicaba recursos y esfuerzos significativos a eliminar el comportamiento delictivo antes de que se produjera? Parafraseando a Tony Blair, ¿por qué no podían ser firmes con el crimen pero también firmes con las causas del crimen?[3]

A raíz de estas preguntas, surgió la innovadora idea de crear el programa Positive Tickets. A través de este programa, la policía, en vez de concentrarse en atrapar a jóvenes que habían cometido delitos, se centraría en atrapar a jóvenes que estuvieran haciendo algo bueno —cosas tan simples como tirar la basura en la papelera en lugar de tirarla al suelo, llevar casco cuando iban en bici o patinete dentro del área asignada para este fin o llegar al colegio a la hora— y les pondría una multa por su comportamiento positivo. La multa, por supuesto, no tendría una penalización como las multas por aparcar donde está prohibido, sino que más bien sería intercambiable por algún tipo de premio pequeño, como una entrada gratis para el cine o un espectáculo en el centro juvenil local, es decir, actividades saludables que además tuvieran el plus de sacar a los jóvenes de la calle y alejarlos de los problemas.

¿Cómo funcionó el nada convencional esfuerzo de Richmond para reinventar el trabajo de la policía? Sus resultados fueron sorprendentemente buenos. Claro que requirió tiempo, pero invirtieron en el proyecto pensando en que sería una estrategia a largo plazo y, una década después, el sistema de «multas positivas» había reducido la reincidencia del 60 por ciento al 8 por ciento.

Es difícil pensar en la policía como en un ámbito donde cabe esperar encontrar Esencialismo en el trabajo, pero, de hecho, el sistema de multas positivas de Ward es una lección para la práctica de la ejecución sin esfuerzo.

La forma de proceder del no esencialista es ir a lo grande en todo: tratar de hacerlo todo, tenerlo todo, ajustarlo todo. El no esencialista opera bajo la falsa lógica de que cuanto más se esmera, más va a lograrlo, pero la realidad es que cuanto más aspiremos a alcanzar las estrellas, más difícil será despegar los pies del suelo.

La forma de proceder del esencialista es diferente. En vez de tratar de conseguirlo todo —y en especial, todo al mismo tiempo— y luego explotar, el esencialista empieza por cosas pequeñas y celebra los progresos. En lugar de ir a lo grande, con ostentosas victorias que no tienen ninguna importancia real, el esencialista persigue pequeñas y sencillas victorias en áreas que son esenciales.

No esencialista	Esencialista
Empieza con una gran meta y obtiene pequeños resultados.	Empieza con cosas pequeñas y obtiene grandes resultados.
Se deja llevar por ostentosas victorias.	Celebra pequeñas acciones de progreso.

Al buscar a la gente que obtenía «pequeñas victorias» y premiarla, el sistema de Ward Clapham se inscribe en el poder de celebrar el progreso. Un ejemplo emotivo: un oficial de policía detuvo a un adolescente que había salvado a una niña de ser atropellada por un coche. El policía le puso una multa positiva y le dijo: «Hoy has hecho algo maravilloso. Tú puedes llegar a ser alguien». El chico se fue a casa y pegó la multa positiva en la pared. Unas semanas después, su madre adoptiva le preguntó si la iba a cambiar por dinero. Ante su sorpresa, el chico le dijo que no lo haría nunca. Un adulto le había dicho que él podía ser alguien, y eso era mucho más valioso que una pizza o una partida de bolos gratis.

Multiplica esta clase de interacción positiva por cuarenta mil veces al año durante diez años y te darás cuenta de por qué este programa tuvo tanto impacto. Cada vez que una persona joven era reconocida y elogiada por hacer algo bueno, esta se motivaba para seguir haciéndolo bien hasta que, un día, hacerlo bien se volvía algo natural que no requería esfuerzo.

Cuando queremos provocar un gran cambio, a menudo pensamos que debemos empezar con algo enorme o grandioso, como un ejecutivo que conocí y que anunciaba a bombo y platillo que había decidido construir una sofisticada casa de muñecas para sus hijas; luego, dado que su proyecto era tan vasto y ambicioso, lo abandonó porque le pareció demasiado pesado. Seguía una lógica interesante: para hacer algo grande debemos empezar a lo grande. Piensa, sin embargo, en todas las «grandes» iniciativas, con enormes despliegues publicitarios por parte de las organizaciones, que nunca llegaron a nada, exactamente igual que la casa de muñecas.

La investigación ha demostrado que, de todas las formas de motivación humana, la más efectiva es el progreso. ¿Por qué? Porque una victoria pequeña y concreta genera impulso y reafirma nuestra fe en los éxitos futuros. Frederick Herzberg, en el artículo «One More Time: How Do You Motivate Employees?» [Una vez más: ¿Cómo motiva usted a sus empleados?], publicado en 1987 en la *Harvard Business Review*, uno de los artículos más famosos de la revista, revela investigaciones que demuestran que los dos motores internos principales de la gente son el logro y el reconocimiento por el logro.[4] Recientemente, Teresa Amabile y Steven Kramer recopilaron entradas anónimas del diario de cientos de personas que abarcaban miles de jornadas de trabajo. Basándose en estos cientos de miles

fuerza una
gran victoria

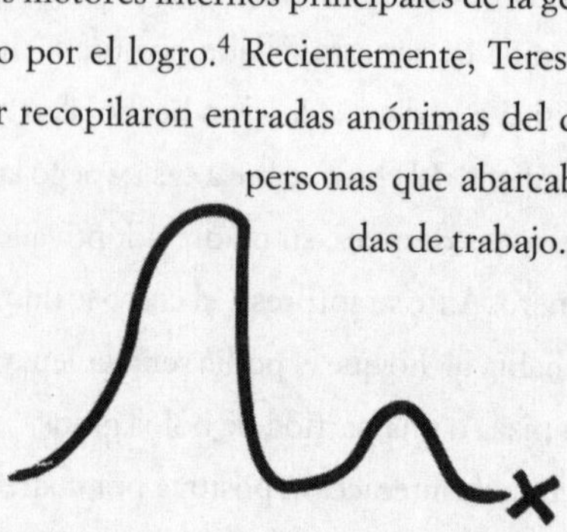

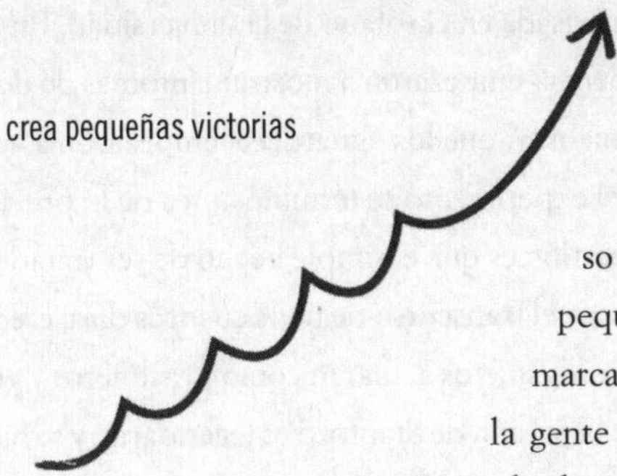

de reflexiones, Amabile y Kramer concluyeron que «el progreso cotidiano, incluso una pequeña victoria» puede marcar absolutamente cómo la gente se siente y se desempeña. «De todas las cosas que pueden estimular las emociones, la motivación y la percepción durante una jornada de trabajo, la más importante es hacer algún progreso en términos de trabajo productivo», dijeron.[5]

En lugar de empezar a lo grande y luego explotar sin ningún resultado, salvo el desperdicio de tiempo y energía, debemos empezar con cosas pequeñas y generar impulso para lograr hacer cosas esenciales. Así, podemos usar ese impulso para trabajar rumbo a la siguiente victoria, y a la siguiente, y así sucesivamente hasta que tengamos un gran avance; y, cuando lo tengamos, nuestro progreso se habrá convertido en un trabajo con tan pocos problemas y esfuerzos que ese gran avance parecerá un éxito obtenido de la noche a la mañana. En palabras de Henry B. Eyring, antiguo educador y profesor de Stanford, «Mi experiencia me ha enseñado cómo mejoran la gente y las organizaciones: el ejemplo es el de los pequeños cambios que podemos hacer en aquellas cosas que hacemos con mayor frecuencia. La constancia y la repetición son poderosas».[6]

Cuando fui a comer con el doctor Phil Zimbardo, expresidente de la Asociación Estadounidense de Psicología, yo lo conocía principalmente como el cerebro del famoso experimento de la prisión de Stanford.[7] En el verano de 1971, Zimbardo reunió a un grupo de estudiantes sanos de Stanford, les asignó papeles de «guardias» o de «reclusos» y los encerró en una «prisión» improvisada en el sótano de la universidad. En tan solo unos días, los «prisioneros» empezaron a mostrar síntomas de depresión y de estrés extremo, mientras que los «guardias» empezaron a actuar de forma cruel y sádica (el experimento se terminó antes de lo previsto, por razones obvias). La cuestión es que el simple hecho de ser tratados como prisioneros y guardias, en el transcurso de unos cuantos días, creó un impulso que ocasionó que los sujetos actuaran como prisioneros y guardias.

El experimento de la prisión de Stanford es legendario, y se ha escrito mucho acerca de sus múltiples implicaciones. Sin embargo, lo que yo me preguntaba era lo siguiente: si el mero hecho de ser tratados de determinada manera condicionó a los estudiantes hasta que gradualmente adoptaron comportamientos negativos, ¿este mismo tipo de condicionamiento podría funcionar también para un comportamiento más positivo?

De hecho, actualmente Zimbardo está llevando a cabo un gran experimento social en esa misma línea llamado Heroic Imagination Project [«Proyecto para la Imaginación Heroica»].[8] La lógica es incrementar las posibilidades de aquellas personas que actúan con valentía enseñándoles los principios del heroísmo. Zimbardo cree que alentando y premiando los actos heroicos, podemos crear de forma consciente y deliberada un sistema en el que los actos heroicos, con el tiempo, se vayan volviendo naturales y no impliquen esfuerzo.

Tenemos elección. Podemos usar nuestras energías para poner en marcha un sistema que facilite la ejecución del bien o podemos resignarnos a un sistema que dificulta hacer cosas buenas. El sistema de «multas positivas» de Ward optó por lo primero, y funcionó. Podemos aplicar el mismo principio a las decisiones a las que nos enfrentamos cuando diseñamos sistemas para nuestra vida.

Mi esposa Anna y yo hemos tratado de aplicar estas ideas a nuestro sistema para criar a nuestros hijos. Hubo una época en que estábamos preocupados por las horas que pasábamos frente a una pantalla. Entre televisión, ordenadores, tabletas y teléfonos inteligentes, para los niños se había vuelto muy fácil perder tiempo en entretenimiento no esencial. Sin embargo, cuando intentamos que cambiaran esos hábitos, como podrás imaginar, se crearon fricciones. Los niños se quejaban cada vez que apagábamos el televisor o tratábamos de limitar el tiempo que pasaban frente a la pantalla. Y nosotros, como padres, teníamos que fiscalizar la situación a conciencia, lo cual nos impedía hacer las cosas que eran esenciales.

Entonces introdujimos un sistema de fichas.[9] Le daríamos diez fichas a cada niño al empezar la semana. Al final de la semana, cada una de ellas se podía intercambiar por treinta minutos de pantallas o por cincuenta centavos, de manera que la suma total ascendía a cinco dólares o cinco horas de pantallas semanales. Si un niño dedicaba treinta minutos a leer un libro, ganaría una ficha adicional, que a su vez se podría intercambiar por dinero o por tiempo de pantallas. Los resultados fueron increíbles: de la noche a la mañana, el tiempo que pasaban frente a la pantalla se redujo en un 90 por ciento, la lectura se incrementó en la misma cantidad y el esfuerzo global que debíamos dedicar a fiscalizar el sistema fue disminuyendo cada vez más. En otras palabras, la actividad no esencial se redujo de forma drástica y la actividad esencial se incrementó también drásticamente. Una vez invertida una pequeña cantidad de esfuerzo inicial para establecer el sistema, este funcionó sin problemas.

Todos podemos crear sistemas como este tanto en casa como en el trabajo. La clave es empezar por algo sencillo, alentar el progreso y celebrar las pequeñas victorias. A continuación se presentan algunas técnicas.

CONCÉNTRATE EN PROGRESOS MÍNIMOS VIABLES

Una idea muy popular en Silicon Valley es «Algo terminado es mejor que algo perfecto».[10] La idea no es que esté bien producir porquerías. La idea, tal como la entendí, es no perder tiempo con lo no esencial y simplemente tener listo el trabajo. En los círculos empresariales, se expresa como crear «un producto mínimo viable».[11] La idea es: «¿Cuál es el producto más sencillo posible que resultaría útil y valioso para el cliente potencial?».

De la misma manera, podemos adoptar un método de «progreso mínimo viable». Podemos preguntarnos: «¿Cuál es la cantidad mínima de progreso que sería útil y valiosa para la tarea esencial que estamos tratando de terminar?». Yo utilicé esta técnica para escribir este libro. Por ejemplo, cuando todavía estaba en la etapa de investigación, antes incluso de que hubiera empezado a poner tinta en el papel (o dedos en el teclado), decidí que compartiría una breve idea (mi producto mínimo viable) en Twitter. Si parecía tener eco ahí, entonces escribiría un artículo en mi blog de la *Harvard Business Review*. A través de este proceso iterativo, que requería muy poco esfuerzo, conseguí encontrar el punto donde parecía existir una conexión entre lo que yo estaba pensando y lo que por lo visto tiene mayor relevancia en la vida de otras personas.

Este es el proceso que Pixar utiliza en sus películas. En vez de empezar con un guion, empiezan desarrollando un *storyboard*, es decir, lo que se conoce como la versión en cómic de una película. Prueban ideas y ven qué funciona. Hacen esto en ciclos pequeños, cientos de veces. Luego presentan la película a pequeños grupos de personas para recibir una respuesta anticipada. Esto les permite aprender lo más rápido posible con el menor esfuerzo posible. Como dijo John Lasseter, el director creativo de Pixar y ahora de Disney, «En realidad no terminamos nuestras películas, las liberamos».[12]

EFECTÚA LA PREPARACIÓN MÍNIMA VIABLE

Existen dos maneras opuestas de aproximarse a una meta importante o a una fecha límite: empezar pronto y trabajar poco o empezar tarde y trabajar mucho. «Tarde y trabajar mucho» significa hacerlo todo en el último minuto: desvelarte trabajando toda la noche y «lograr terminar». «Pronto y trabajar poco» significa comenzar lo antes posible con el mínimo posible de tiempo invertido.

A menudo, con invertir diez minutos en un proyecto o tarea dos semanas antes de la entrega te ahorras esa complicación frenética y estresante de la última hora. Toma una meta o fecha límite que tengas establecida y pregúntate: «¿Qué es lo mínimo que puedo hacer ahora mismo para estar preparado?».

Un líder, que es un orador excepcionalmente inspirador, explicó que para él la clave es empezar a preparar sus grandes discursos seis meses antes de la fecha. No elabora todo el discurso, solo lo empieza. Si tienes una gran presentación en las próximas semanas o meses, abre un archivo ahora mismo y dedica cuatro minutos a comenzar a vaciar tus ideas. Luego cierra el archivo. No más de cuatro minutos. Solo empieza.

Una colega de Nueva York utiliza un sencillo truco: cada vez que anota en su agenda una reunión o una llamada telefónica, se toma exactamente quince segundos para teclear los principales objetivos de esa reunión, de modo que la mañana de la cita, cuando se sienta a preparar los puntos que se van a discutir, se remite a esos objetivos. No se trata de planear todo el orden del día, pues tan solo unos cuantos segundos de preparación anticipada le suponen un valioso dividendo.

PROGRESOS VISUALMENTE RECOMPENSADOS

¿Recuerdas cuando tenías cinco años y tu escuela organizó una recaudación de fondos? ¿Te acuerdas del gran termómetro que mostraba visualmente el progreso de la escuela para llegar a la meta? ¿De lo emocionante y motivador que resultaba ver cómo iba subiendo el termómetro día a día? O quizá tus padres usaban un mapa de estrellas, y cada vez que te comías las espinacas, que te ibas a dormir temprano o que arreglabas tu cuarto te ganabas una estrella, y muy pronto empezaste a hacer esas cosas casi sin necesidad de que te dieran un empujoncito.

Medir visualmente el progreso hacia un objetivo es un método poderoso. No te quedes atrás y aplica la técnica a tus metas esenciales, en casa o en el trabajo.

Cuando empezamos con progresos pequeños y recompensados terminamos logrando más que cuando nos ponemos metas grandes, idealistas y a menudo imposibles. Y, como recompensa extra, el acto de reafirmar positivamente nuestros éxitos nos permite obtener más placer y satisfacción del proceso.

18

Fluye

El genio de la rutina

> La rutina, en un hombre inteligente, es un signo de ambición.
>
> W. H. Auden

El nadador olímpico Michael Phelps varios años antes de ganar el oro en las Olimpiadas de Beijing, en 2008, ya seguía la misma rutina en cada competición. Llegaba dos horas antes.[1] Estiraba y aflojaba, siguiendo una secuencia precisa: ochocientos metros combinados, cincuenta metros libre, seiscientos de patada con tabla, cuatrocientos con *pull buoy*, y aún más. Después del calentamiento, se secaba, se ponía los auriculares y se sentaba —nunca se acostaba— en la mesa de masajes. A partir de ese momento, él y su entrenador, Bob Bowman, no intercambiaban ni una sola palabra hasta que terminaba la competición.

Cuando faltaban cuarenta y cinco minutos para la carrera se ponía el traje de baño especial para competir. Cuando faltaban treinta minutos, se metía en la piscina de calentamiento y nadaba entre seiscientos y ochocientos metros. Cuando faltaban diez minutos se dirigía a la sala de espera. Buscaba un asiento aislado, nunca junto a alguien. Le gustaba tener los asientos a ambos lados del suyo libres para sus cosas: las gafas de natación a un lado y la toalla al otro. Cuando se anunciaba su carrera iba hacia los bloques de salida. Allí hacía lo de siempre: dos estiramientos, primero uno sin flexionar las rodillas y luego otro con la rodilla flexionada. Empezando con la pierna izquierda. Luego se quitaba el auricular derecho. Cuando decían su nombre se quitaba el izquierdo. Subía al bloque de salida; siempre por el lado izquierdo. Secaba el bloque en todas las carreras. Después se incorporaba y balanceaba los brazos de tal manera que las manos le golpearan la espalda.

Phelps explica: «Es tan solo una rutina. Mi rutina. Es la rutina que he seguido durante toda mi vida. No la voy a cambiar». Y así es esto. Su entrenador, Bob Bowman, diseñó la rutina física con él. Pero eso no es todo; también le dio una rutina de pensamientos para antes de dormir y justo al despertarse. La llamaba «Mirar el vídeo».[2] No había ningún vídeo, por supuesto. La «cinta» era una visualización de la carrera perfecta. Con exquisitos detalles y en cámara lenta, Phelps visualizaba cada momento, desde la salida encima del bloque, siguiendo cada brazada, hasta que emergía de la piscina victorioso, con el agua escurriéndosele por la cara.

Phelps no seguía esta rutina mental de vez en cuando. Lo hizo todas las noches antes de irse a dormir y todas las mañanas cuando se despertaba durante años. Cuando Bob quería desafiarlo en los entrenamientos le gritaba: «¡Enciende el vídeo!», y Phelps se esforzaba más allá de sus límites. Llegó un momento en que la rutina mental estaba tan profundamente incorporada que Bob apenas tenía que susurrar la frase «Ten listo el vídeo» antes de la competición. Phelps siempre estaba listo para «presionar el botón de *play*».

Cuando le preguntaron acerca de la rutina, Bowman dijo: «Si le preguntas a Michael qué le pasa por la cabeza antes de la carrera, te dirá que no piensa en nada. Solo sigue el programa. Pero esto no es verdad. Se trata más bien de que sus hábitos ya se han apoderado de él. Cuando llega la carrera, él ha recorrido la mitad del camino de su plan y ha superado victorioso cada paso. Los estiramientos salieron como estaba planeado. Las vueltas de calentamiento fueron justo como las visualizó. En los auriculares sonaba exactamente lo que él esperaba. La carrera real es solo un paso más de la secuencia que él ha empezado hace rato y que no consiste más que en victorias. Ganar es una extensión natural».[3]

Como todos sabemos, Phelps consiguió el récord de ocho medallas de oro en los Juegos Olímpicos de Beijing de 2008. Cuando visité Beijing, años después del impresionante logro de Phelps, no podía dejar de pensar en cómo consiguen, él y otros competidores olímpicos, que esas extraordinarias proezas de atletismo parezcan pan comido. Por supuesto que se puede argumentar que los atletas olímpicos practican más tiempo y entrenan más duro que cualquier otro atleta del mundo, pero, cuando entran en la piscina, en la pista de atletismo o en la pista de patinaje hacen que todo parezca sumamente fácil. Es más que una mera extensión natural de su entrenamiento. Es un testimonio del genio de la rutina correcta.

La manera de proceder del no esencialista es pensar que las cosas esenciales solo se logran cuando se fuerzan. Esa ejecución es una cuestión de esfuerzo puro y en solitario. Tú trabajas para que el logro se dé. Presionas para que suceda.

La manera de proceder del esencialista es diferente. El esencialista diseña una rutina que permite conseguir lo que ha identificado como esencial, es decir, su posición preestablecida. Por supuesto que en ocasiones el esencialista también tiene que trabajar duro, pero con la rutina adecuada, cada esfuerzo produce resultados exponencialmente mejores.

No esencialista	**Esencialista**
Intenta ejecutar lo esencial por la fuerza.	Diseña una rutina que engloba lo esencial y logra que la ejecución sea casi sin esfuerzo.
Permite que lo no esencial ocurra por defecto.	Hace de lo esencial la posición por defecto.

Hacer que parezca fácil

La rutina es una de las herramientas más poderosas que existen para eliminar obstáculos. Sin rutina, el conjunto de distracciones no esenciales nos agobiará. Pero si creamos una rutina que englobe lo esencial, empezaremos a ejecutarlo en piloto automático. En lugar de buscarlo conscientemente, lo esencial va a ocurrir sin que nosotros tengamos que pensar al respecto. No tendremos que invertir energía valiosa todos los días en priorizar cada cosa. Basta con dedicar una pequeña cantidad de energía inicial a crear la rutina, y luego todo lo que nos queda por hacer es seguirla.

Hay una gran cantidad de investigaciones científicas que explican el mecanismo mediante el cual la rutina permite que las cosas difíciles se vuelvan fáciles. Una explicación simplificada es que, cuando hacemos varias veces cierta tarea, las neuronas, o células nerviosas, hacen nuevas conexiones a través de unas puertas de comunicación llamadas «sinapsis». Con la repetición, las conexiones se fortalecen y al cerebro le resulta más fácil activarlas. Por ejemplo, cuando aprendes una palabra nueva, necesitas hacer varias repeticiones en diferentes intervalos hasta que logras dominarla. Después, para recordar esa palabra, deberás activar la misma sinapsis hasta que en algún momento te sabes la palabra sin que conscientemente tengas que pensar en ella.[4]

Sucede un proceso similar cuando conducimos desde un punto A hasta un punto B todos los días y llega un momento en el que podemos hacer el trayecto sin pensar conscientemente en él. O cuando cocinamos varias veces el mismo plato y ya no tenemos que mirar la receta. O cuando cualquier tarea mental nos parece más sencilla cada vez que intentamos hacerla. Con la repetición, la rutina se domina y la actividad se convierte en algo natural.

Nuestra habilidad para ejecutar lo esencial mejora con la práctica, como cualquier otra habilidad. Piensa en la primera vez que tuviste que desempeñar una función crucial en el trabajo. Al principio te sentiste como un novato; inseguro y torpe, probablemente. El esfuerzo para concentrarte drenó tu fuerza de voluntad. La fatiga de tomar decisiones se apoderó de ti. Seguramente te distrajiste con facilidad. Eso es normal. Sin embargo, en cuanto desempeñaste esa función una y otra vez, adquiriste confianza. Ya no te desvías. Eres capaz de desempeñar la función mejor y más rápido y con menos concentración y esfuerzo. Este poder de la rutina surge de la capacidad del cerebro para hacerse cargo por completo de las cosas hasta que el proceso se vuelva del todo inconsciente.

La rutina tiene, además, otra ventaja cognitiva. Una vez que el trabajo mental se desplaza a los ganglios basales, el espacio mental se libera para concentrarse en algo nuevo. Esto nos permite poner en piloto automático la ejecución de una actividad esencial, mientras al mismo tiempo emprendemos activamente otra, sin sacrificar el nivel de concentración o de rendimiento. «De hecho, el cerebro empieza a trabajar cada vez menos —dice Charles Duhigg, autor del libro *El poder de los hábitos*—. El cerebro puede apagarse casi por completo. [...] Y esta es una verdadera ventaja porque significa que dispones de toda esa actividad mental que puedes dedicar a otra cosa».[5]

A algunos, la rutina quizá les parezca el lugar donde la creatividad y la innovación van a morir, el máximo ejercicio del aburrimiento. Incluso usamos la palabra como sinónimo de «insípido» y «tedioso», en frases como: «Esto ya se ha convertido en rutina». Y, de hecho, las rutinas pueden convertirse en eso, pero ocurre cuando nos equivocamos de rutina. Sin embargo, las rutinas adecuadas en realidad pueden acentuar la innovación y la creatividad al darnos el equivalente a un reembolso de energía. En lugar de gastar nuestro limitado suministro de disciplina tomando las mismas decisiones una y otra vez, incluir las decisiones en nuestra rutina nos permite canalizar esa disciplina hacia alguna otra actividad esencial.

La obra que Mihaly Csikszentmihalyi ha escrito sobre la creatividad demuestra lo increíblemente creativa que puede ser la gente que sigue estrictas rutinas para liberar su mente. «La mayoría de los individuos creativos se dan cuenta pronto de cuáles son sus mejores ritmos para dormir, comer y trabajar y cumplen con ellos, incluso cuando están tentados a romperlos —dice Mihaly—. Visten ropa cómoda, solo interactúan con personas con quienes pueden congeniar, solo hacen cosas que creen importantes. Por supuesto, esas idiosincrasias no son entrañables para aquellos que tienen que lidiar con ellas. [...] Pero personalizar pautas de acción ayuda a liberar la mente hacia las expectativas que demandan atención y permiten una intensa concentración en asuntos que importan».[6]

El director ejecutivo de una de las empresas más innovadoras de Silicon Valley tiene lo que a primera vista parecería una rutina aburrida y alejada de la creatividad. Una vez por semana asiste a una reunión de tres horas que empieza a las nueve de la mañana. La reunión nunca se cancela. Nunca se reprograma en otro horario. Es obligatoria; hasta tal punto que todos los ejecutivos de esta empresa transnacional saben que nunca deben programar un viaje que vaya a interponerse con la reunión. Si son las nueve de la mañana del lunes, deben estar ahí, sin falta. Es una disciplina. A simple vista, esto no tiene nada de extraordinario. Sin embargo, lo que sí es extraordinario es la calidad de las ideas que surgen de esta reunión habitual. Dado que el director ejecutivo ha eliminado el costo mental que implica planear la reunión o pensar en quién estará ahí y quién no, la gente se puede concentrar en resolver el problema creativo. Y, de hecho, su equipo hace que proponer ideas y soluciones creativas e inventivas parezca natural y fácil.

El poder de la rutina correcta

De acuerdo con unos investigadores de la Universidad de Duke, casi el 40 por ciento de nuestras elecciones son profundamente inconscientes.[7] No pensamos en ellas en el sentido habitual de «pensar». Esto implica al mismo tiempo peligro y oportunidad. La oportunidad es que podemos desarrollar nuevas habilidades que de forma gradual se volverán instintivas. El peligro es que corremos el riesgo de desarrollar rutinas contraproducentes. Al no estar del todo conscientes, puede suceder que quedemos atrapados en hábitos no esenciales, como revisar el correo en el instante en que nos levantamos de la cama cada mañana, pasar a comprar un dónut camino del trabajo todos los días o utilizar la hora del almuerzo para navegar en internet en lugar de ocupar ese tiempo en pensar, reflexionar, recargar baterías o interactuar con amigos y colegas. Entonces ¿cómo podemos desechar las rutinas que nos mantienen atrapados en hábitos no esenciales y reemplazarlas por rutinas que permitan ejecutar las cosas esenciales casi sin esfuerzo?

RECONOCE TUS DETONADORES

La mayoría de nosotros tenemos un hábito de comportamiento que deseamos cambiar, como comer menos comida basura, perder menos el tiempo o preocuparnos menos. Sin embargo, cuando tratamos de hacerlo nos damos cuenta de que cambiar un hábito, incluso el más simple y pequeño, es sorprendente e inquietantemente difícil. Parece haber una fuerza gravitacional que nos atrae sin poder evitarlo hacia el cálido abrazo de esas patatas fritas, el sitio web con las fotos de gatos graciosos o la espiral de preocupación acerca de las cosas que no están bajo nuestro control. ¿Cómo resistir la poderosa atracción de esos hábitos?

En una entrevista acerca de su libro *El poder de los hábitos*, Charles

Duhigg dijo que «en los últimos quince años, mientras hemos aprendido cómo funcionan los hábitos y cómo pueden cambiarse, los científicos han explicado que cada hábito está constituido por una señal, una rutina y una recompensa. La señal es un detonador que le dice a tu cerebro que vaya en piloto automático y qué hábito usar. Luego está la rutina —el comportamiento en sí mismo—, que puede ser física, mental o emocional. Por último está la recompensa, la cual ayuda al cerebro a descifrar si vale la pena recordar para el futuro ese hábito en particular. Con el paso del tiempo, ese círculo —señal, rutina, recompensa; señal, rutina, recompensa— se vuelve más automático conforme la señal y la recompensa se van interconectando neurológicamente».[8]

Esto significa que si queremos cambiar la rutina, no debemos cambiar el comportamiento. Más bien debemos encontrar la señal que está detonando la actividad o el comportamiento no esencial y hallar una manera de asociar ese mismo detonador a algo que sea esencial. Así, por ejemplo, si la panadería por la que pasas cada mañana yendo de casa al trabajo te impulsa a comprar un dónut, la próxima vez que pases por la panadería usa esa señal para recordar que debes comprar una ensalada en la tienda de enfrente. O si apagar el despertador por la mañana es la señal que te hace revisar el correo, usa esa señal para levantarte y leer un libro. Al principio, sobreponerte a la tentación de detenerte en la panadería o revisar el correo será difícil. Sin embargo, cada vez que ejecutes el nuevo comportamiento —cada vez que compres la ensalada— se fortalecerá el vínculo en tu cerebro entre la señal y el nuevo comportamiento y pronto estarás desempeñando la nueva rutina de forma subconsciente y automática.

CREA NUEVOS DETONADORES

Si la meta es generar un cambio de comportamiento, no solo estamos confinados a nuestras señales existentes; podemos crear nuevas señales para detonar la ejecución de alguna rutina esencial. Utilicé esta técnica para desarrollar la rutina de escribir un diario y me funcionó de maravilla. Durante mucho tiempo solo escribía en mi diario de manera esporádica. Lo iba postergando todo el día; luego, por la noche, lo racionalizaba: «Lo haré por la mañana», pero nunca lo hacía, y la noche siguiente llevaba dos días de retraso y resultaba abrumador. Entonces lo posponía otra vez, y así sucesivamente. Después, alguien me dijo que había desarrollado la rutina de escribir unas cuantas líneas exactamente a la misma hora cada día. Me pareció un hábito factible, aunque sabía que necesitaría algún tipo de señal que todos los días me recordara escribir en el momento establecido o seguiría postergándolo como hasta entonces. Así que empecé por poner el diario en mi mochila, justo al lado del teléfono. De ese modo, cuando sacara el teléfono de la mochila todas las tardes para cargarlo (un hábito ya bien arraigado), vería el diario y recordaría que debía escribir. Ahora es algo instintivo. Natural. Espero ese momento. Han pasado ya diez años y casi nunca me he saltado un día.

HAZ LAS COSAS MÁS DIFÍCILES PRIMERO

Ray Zinn es el fundador y director ejecutivo de Micrel, una empresa de semiconductores de Silicon Valley. En muchos sentidos, está acostumbrado a llevar la contraria. Tiene setenta y cinco años y se encuentra en una industria y en una ciudad que suele celebrar a los chicos de veinte años que han abandonado la universidad. En 1978, él y su socio invirtieron 300.000 dólares en poner en marcha la empresa, que ha sido rentable todos y cada uno de los años (a excepción de uno en el que consolidaron dos plantas de producción). Desde que el precio de sus acciones se hizo público, este nunca ha estado por debajo de su precio de OPI (oferta pública inicial). Ray atribuye el éxito a su enfoque, altamente disciplinado, en los beneficios. Ha dirigido la empresa como director ejecutivo durante treinta y cinco años y, a lo largo de ese periodo, ha seguido una rutina extraordinariamente constante. Se despierta a las cinco y media todos los días, incluso los sábados y domingos (lo ha hecho así durante más de cincuenta años). Luego hace una hora de ejercicio. Desayuna a las siete y media y llega al trabajo a las ocho y cuarto. Cena con su familia a las seis y media y se acuesta a las diez. Sin embargo, lo que en realidad le permite funcionar al máximo rendimiento es que, a lo largo de todo el día, su rutina se rige por una sola regla: «Concentrarse primero en las cosas más difíciles». Después de todo, como Ray mismo me dijo, «Ya de por sí tenemos muchas cosas en qué pensar, así que, ¿por qué no eliminar algunas de ellas estableciendo una rutina?».

Sigue los consejos anteriores para desarrollar una rutina que te permita convertir tu tarea más difícil del día en tu primera actividad de la mañana. Encuentra una señal —ya sea ese primer vaso de zumo de naranja que tienes sobre la mesa, una alarma que hayas programado en el teléfono o cualquier otra cosa que ya estés acostumbrado a hacer como primera actividad de la mañana— para detonar el hecho de sentarte y concentrarte en la cosa más difícil que debas hacer.

COMBINA TUS RUTINAS

Es verdad que hacer las mismas cosas a la misma hora, día tras día, se puede volver aburrido. Con el fin de evitar que te fatigue la rutina, no hay razón para no tener rutinas diferentes para cada día de la semana. Jack Dorsey, cofundador de Twitter y fundador de Square, se plantea su rutina semanal de un modo interesante. Ha dividido la semana en temas. El lunes es para reuniones de negocios y trabajo de «gestión de la compañía». El martes es para el desarrollo de productos. El miércoles es para marketing, comunicaciones y crecimiento. El jueves es para desarrolladores y socios. El viernes es para la compañía y su cultura.[9] Esta rutina ayuda a generar tranquilidad en medio del caos de una empresa de reciente creación que ha logrado un gran crecimiento. Le permite concentrar su energía en un solo tema cada día, en lugar de sentirse atraído por todo. Se apega a esta rutina cada semana, sin excepciones, y con el paso del tiempo la gente ha ido aprendiendo esto de él, así que pueden organizar reuniones y peticiones en función de ello.

INICIA TUS RUTINAS UNA POR UNA

No sería conveniente involucrarnos tanto con el genio de la rutina que entonces intentemos emprender múltiples rutinas al mismo tiempo. Como aprendimos en este capítulo, para obtener grandes resultados debemos empezar por cosas pequeñas. Por lo tanto, comienza con un solo cambio en tu rutina diaria o semanal y luego construye tu progreso a partir de él.

No digo que estas cosas sean fáciles. Muchas de nuestras rutinas no esenciales son profundas y emocionales. Se han ido formando a partir de ciertas emociones fuertes. La idea de que simplemente podemos chasquear los dedos y reemplazarlas por una nueva rutina es bastante ingenua. Aprender nuevas habilidades esenciales nunca es sencillo. No obstante, una vez que las dominamos y las automatizamos hemos logrado una enorme victoria, ya que la habilidad se quedará con nosotros el resto de nuestra vida. Con las rutinas sucede lo mismo. Una vez que están instaladas, son regalos que no dejarán de darnos satisfacciones.

19

Concéntrate

¿Qué es lo importante ahora?

> La vida solo está disponible en el momento presente. Si abandonas el momento presente, no puedes vivir profundamente los momentos de la vida diaria.
>
> THICH NHAT HANH

Larry Gelwix, el entrenador del equipo de rugby del instituto Highland, llevó al equipo, a lo largo de treinta y seis años, a 418 victorias, con solo diez derrotas, y a veinte campeonatos nacionales. Larry describe su éxito de esta manera: «Siempre ganamos». Con un récord como el del Highland, tiene derecho a hacer esa declaración. Sin embargo, en realidad, él se refiriere a algo más que a su récord de victorias. Cuando dice «ganar» alude a una pregunta, que es la guía de lo que él espera de sus jugadores: «¿Qué es lo importante ahora?».

Al mantener a sus jugadores totalmente presentes en ese momento y completamente concentrados en lo más importante —no el partido de la semana que viene o el entreno de mañana o la siguiente jugada, sino en el ahora—, Gelwix los ayuda a ganar casi sin esfuerzo. Pero ¿cómo?

En primer lugar, los jugadores se hacen la pregunta constantemente durante el partido. En vez de enfrascarse de nuevo en la discusión de la jugada que salió mal o de gastar su energía mental en preocuparse por si van a perder, pues ninguna de las dos opciones es útil ni constructiva, Larry los alienta a concentrarse solo en la jugada en la que están en cada momento.

En segundo lugar, la pregunta «¿Qué es lo importante ahora?» les ayuda a prestar atención a cómo están jugando. Larry cree que en gran parte la victoria depende de si los jugadores están concentrados en su propio juego o en el juego del adversario. En cuanto empiezan a pensar en el otro equipo, pierden la concentración. Conscientemente o no, tienden a jugar de la forma en que está jugando el equipo contrario. Concentrándose en su juego, en el aquí y el ahora, pueden unirse todos alrededor de una sola estrategia. Este nivel de unidad hace que la ejecución de su plan de juego se lleve a cabo relativamente sin problemas.

De hecho, Larry tiene un planteamiento básicamente esencialista con respecto a ganar o perder. Como les dice a sus jugadores, «Existe una diferencia entre perder y ser vencido. Ser vencido significa que ellos son mejores que vosotros. Son más rápidos, más fuertes y más talentosos». Para Larry, perder significa algo más. Significa que has perdido la concentración. Que no te centraste en lo que era esencial. Todo se basa en una idea simple pero poderosa: rendir al máximo requiere que de manera deliberada te sintonices con lo que es importante en el aquí y el ahora.

Solo existe el ahora

Piensa en cómo se podría aplicar esto a tu vida. ¿Alguna vez te has quedado atrapado reviviendo tus errores pasados, una y otra vez, como un reproductor de vídeo, encallado en una repetición interminable? ¿Gastas tiempo y energía preocupándote por el futuro? ¿Pasas más horas pensando en las cosas que no puedes controlar en vez de pensar en las cosas que sí puedes controlar en las áreas que dependen de tus esfuerzos? ¿Alguna vez te das cuenta de que estás ocupado tratando de prepararte mentalmente para la siguiente reunión, la siguiente tarea o el siguiente capítulo de tu vida, en lugar de estar completamente presente en el momento actual? Es natural y humano obsesionarse con los errores pasados o estresarse por lo que nos depara el futuro. Sin embargo, cada segundo que gastamos en preocuparnos por un momento pasado o futuro nos distrae de lo que es importante en el aquí y el ahora.

Los antiguos griegos tenían dos palabras para nombrar el tiempo. La primera era *cronos*. La segunda era *kairós*. El dios griego Cronos era imaginado como un hombre viejo y canoso, y su nombre remite al tictac del reloj, el tiempo cronológico, el que medimos (y con el que corremos tratando de emplearlo con eficiencia). *Kairós* es diferente. Aunque es difícil traducirlo con precisión, se refiere al tiempo que es oportuno, correcto, diferente. *Cronos* es cuantitativo, *kairós* es cualitativo. Este último solo se experimenta cuando estamos del todo presentes, cuando existimos en el ahora.

Resulta alucinante imaginar que, en términos prácticos, solo tenemos el ahora. No podemos controlar, en un sentido literal, el futuro, únicamente el ahora. Por supuesto, aprendemos del pasado y podemos imaginar el futuro. Aun así, solo en el aquí y el ahora podemos ejecutar las cosas que de verdad importan.

Los no esencialistas tienden a estar tan preocupados por los éxitos y fracasos pasados, así como por los retos y las oportunidades del futuro, que se pierden el momento presente. Se vuelven distraídos. Desconcentrados. No están en el ahora.

El proceder del esencialista es sintonizarse con el presente. Experimentar la vida en *kairós*, no solamente en *cronos*. Concentrarse en las cosas que son de verdad importantes, no en el ayer ni en el mañana, sino en el ahora.

No esencialista	Esencialista
Su mente está girando en torno al pasado o al futuro.	Su mente está concentrada en el presente.
Piensa en lo que era importante ayer o en lo que será importante.	Se sintoniza con lo que es importante justo ahora.
Se preocupa por el futuro o se estresa por el pasado.	Disfruta el momento.

Hace poco, Anna y yo nos vimos para comer en medio de un ajetreado día de trabajo. Normalmente, cuando nos vemos para comer estamos tan ocupados poniéndonos al corriente sobre lo que ha sucedido durante la mañana o planeando las actividades de la tarde que nos olvidamos de disfrutar el acto de estar comiendo juntos en el aquí y el ahora. Así que esta vez, mientras llegaba la comida, Anna sugirió un experimento: debíamos concentrarnos solo en el momento. No revivir las reuniones de la mañana ni hablar sobre quién debía recoger a los niños del kárate o lo que prepararíamos para cenar esa noche. Debíamos comer lentamente y de forma consciente, concentrados por completo en el presente. Yo estaba muy dispuesto a hacerlo.

A medida que daba poco a poco el primer bocado, algo sucedió. Me percaté de mi respiración. Luego, sin una intención consciente, descubrí que se hacía cada vez más lenta. De repente me pareció que la vida misma se movía más despacio. En vez de sentir que mi cuerpo estaba en un lugar y mi mente en cinco lugares diferentes, noté que tanto mi mente como mi cuerpo estaban ahí, solo ahí.

La sensación se quedó conmigo hasta bien entrada la tarde, cuando me di cuenta de otro cambio. En lugar de que me interrumpieran ciertos pensamientos distractores, pude dedicar toda mi concentración al trabajo. Como estaba tranquilo y presente en las tareas inmediatas, cada una fluía de manera natural. En vez de en mi estado habitual, con mis energías mentales divididas y dispersas en varios temas que compiten entre sí, me hallaba concentrado en el tema que era más importante en el momento presente. Terminar el trabajo no solo no requirió esfuerzo, sino que además me produjo alegría. En este caso, lo que era bueno para la mente también era bueno para el alma.

Jiro Ono es el mejor chef especialista en sushi del mundo, y ha inspirado la película *Jiro Dreams of Sushi*, dirigida por David Geld.[1] Jiro, que tiene ochenta y cinco años, ha preparado sushi durante décadas y para él el arte de hacer sushi ya es algo que no implica casi ningún esfuerzo. Sin embargo, la suya no es simplemente la historia de cómo la práctica y la experiencia conducen a la maestría. Mirándolo trabajar ves a una persona completamente concentrada en el momento.

Los esencialistas viven su vida entera de esta manera y, gracias a ello, pueden aplicar toda su energía a la tarea que estén desempeñando. No dispersan sus esfuerzos en distracciones. Saben que la ejecución es fácil si trabajas a conciencia y difícil si lo haces a la ligera.

Multitareas versus multiconcentración

Años después de graduarme de Stanford me encontré a un excompañero. Yo estaba en la universidad, trabajando en el ordenador de una de las oficinas, cuando se acercó a saludarme. Después de un minuto de formalidades, me dijo que estaba buscando empleo. Me explicó un poco lo que buscaba y me preguntó si podría ayudarlo. Le hice algunas preguntas para ver cómo podría serle de utilidad, pero a los veinte segundos de conversación recibió un mensaje en el teléfono. Sin decirme una sola palabra bajó la mirada y se puso a responderlo. Hice lo que suelo hacer en esos casos: me callé y esperé.

Pasaron diez segundos. Luego veinte. Me quedé ahí mientras escribía furiosamente en su móvil. No dijo nada. No me hizo caso. Por curiosidad esperé para ver cuánto tiempo seguiría así, pero después de dos minutos enteros, lo cual es mucho tiempo cuando estás parado esperando a alguien, me rendí, regresé a mi escritorio y volví a mi trabajo. Pasados otros cinco minutos volvió a aparecer, interrumpiéndome por segunda vez. Quería retomar la conversación para de nuevo pedirme ayuda en su búsqueda de trabajo. Al principio yo estaba dispuesto a recomendarlo para una vacante de la que tenía conocimiento, si bien después de este incidente admito que dudé si recomendarlo para una entrevista en la que de repente podría no estar presente: habría estado presente en cuerpo, tal vez, pero no en mente.

A estas alturas quizá esperes que hable de los males de hacer varias tareas a la vez, de que un verdadero esencialista nunca intenta hacer más de una cosa al mismo tiempo. Sin embargo, en realidad, podemos hacer con facilidad dos cosas simultáneamente: lavar los platos y escuchar la radio, comer y hablar, arreglar el desorden de nuestro escritorio y pensar dónde vamos a cenar, mandar un mensaje de texto mientras vemos la televisión, etcétera.

Lo que no podemos hacer es concentrarnos en dos cosas al mismo tiempo. Cuando hablo de estar presente, no me refiero a hacer solo una cosa. Me refiero a estar concentrado en una sola cosa. La actitud «multitareas» no es, en sí misma, enemiga del Esencialismo; pretender que podemos concentrarnos en varias tareas o la «multiconcentración» sí lo es.

Cómo estar en el ahora

¿Qué podemos hacer para estar completamente presentes en lo que tenemos delante? A continuación hay algunas sencillas técnicas que puedes tener en cuenta.

DESCUBRE QUÉ ES LO MÁS IMPORTANTE JUSTO AHORA

Hace poco impartí una clase de una jornada entera sobre Esencialismo a un equipo de ejecutivos de Nueva York. Disfruté mucho el día y me sentí presente todo el tiempo. Sin embargo, cuando regresé a mi habitación sentí un repentino tirón hacia un millón de direcciones. Todo lo que me rodeaba me recordaba la infinidad de cosas que podría estar haciendo: revisar el correo, escuchar los mensajes, leer un libro que me sentía obligado a leer, preparar la presentación que tendría dentro de algunas semanas, grabar ideas interesantes que habían surgido de las experiencias del día, y más. Lo que me parecía abrumador no era solo la increíble cantidad de cosas, sino ese bien conocido estrés de tener muchas tareas compitiendo por ver cuál es la primera en hacerse. Cuando tomé conciencia de cómo aumentaban la ansiedad y el estrés, me detuve. Me arrodillé. Cerré los ojos y me pregunté: «¿Qué es lo importante ahora?». Después de reflexionar me di cuenta de que hasta que no supiera qué era lo importante en ese momento, lo que resultaba importante justo en ese momento era ¡descubrir lo que era importante justo en ese momento!

Me levanté. Puse orden. Guardé los objetos dispersos a mi alrededor para que no me distrajeran ni me presionaran a hacer su voluntad cada vez que pasara por ahí. Apagué el teléfono. Era un inmenso alivio tener una barrera entre mi persona y la capacidad de cualquiera de mandarme un mensaje. Abrí el diario y escribí sobre la jornada. Eso me centró. Escribí una lista de todas las cosas que tenía en la mente. Luego lo aclaré con la siguiente pregunta: «¿Qué tienes que hacer ahora para poder dormir en paz?». Decidí que lo esencial era conectarme con mi esposa y mis hijos. Lo siguiente era hacer unas cuantas cosas más para facilitarme las primeras horas de la mañana: programar el despertador y un desayuno en la habitación; cargar las diapositivas en el ordenador y planchar la camisa. Taché las cosas que no eran importantes justo entonces.

Cuando te enfrentes a tantas tareas y obligaciones que no logres descifrar cuál hacer primero, detente. Respira hondo. Pon el presente en el momento y pregúntate qué es lo más importante en ese preciso instante, no qué será lo más importante mañana, ni siquiera dentro de media hora. Si no estás seguro, haz una lista de todo lo que compite por tu atención y tacha lo que no sea importante justo en ese momento.

SÁCATE EL FUTURO DE LA CABEZA

Dejar de pensar en el futuro te permite concentrarte mejor en «qué es lo importante en este momento». En este caso, mi siguiente paso fue sentarme y hacer una lista de las cosas que serían necesarias, aunque no en ese momento. Entonces abrí de nuevo el diario. Esa vez me pregunté: «¿Qué podrías querer hacer algún día como resultado de hoy?». No sería una lista de compromisos firmes, solo una forma de sacarme las ideas de la cabeza y ponerlas en el papel. Lo hacía con dos propósitos. Primero, me aseguraba de no olvidar esas ideas, que podrían ser útiles más adelante. Segundo, aliviaba esa sensación estresante y distractora de que tenía que hacer algo en relación con ellas en ese preciso instante.

PRIORIZA

A continuación prioricé cada lista. Luego trabajé en los elementos de la primera lista, la de «qué es lo esencial ahora», de uno en uno. Me dediqué a trabajar tranquilamente en ellos y los fui borrando cuando estaban terminados. Al irme a dormir, no solo había hecho todas las cosas que debía hacer en ese instante, sino que las había realizado mejor y más rápido, porque estaba concentrado.

La pausa que refresca

Jeffrey A. Rodgers, vicepresidente ejecutivo de Cornish & Carey Commercial/Newmark Knight Frank, aprendió una vez la sencilla idea de hacer una pausa para refrescarse. Todo comenzó cuando se dio cuenta de que todas las tardes, mientras volvía en coche del trabajo a casa, su mente seguía concentrada en proyectos relacionados con el trabajo. Todos conocemos esa sensación. Es posible que hayamos dejado la oficina físicamente, pero mentalmente seguimos allí, dado que la mente queda atrapada en el interminable ciclo de revivir los eventos del día y de preocuparse por las cosas que tenemos que hacer el día siguiente.

Así, ahora, en cuanto llega a la puerta de su casa, Jeffrey pone en práctica lo que él llama «la pausa que refresca». Es una técnica fácil. Se detiene un instante. Cierra los ojos. Inspira y espira una vez: lenta y profundamente. Mientras espira deja que se escapen los problemas del trabajo. Esto le permite traspasar la puerta con mayor resolución y estar listo para concentrarse en su familia. Esta práctica entronca con el principio atribuido a Lao Tse: «En el trabajo, haz aquello que disfrutes. En la vida familiar, está completamente presente».

Nhat Hanh, el monje budista zen de Vietnam conocido como «el hombre más calmado del mundo», ha dedicado su vida a explorar cómo vivir en el *kairós*, aunque con un nombre diferente. Lo ha transmitido con los nombres de «atención enfocada» o mantener una «mente de principiante». Escribió: «La atención enfocada te ayuda a regresar al presente. Y cada vez que estás ahí y reconoces que tienes una condición de felicidad, la felicidad llega».[2]

La concentración para estar en el momento afecta a su modo de hacer cualquier cosa. Se toma una hora entera para tomar una taza de té con los otros monjes todos los días. Explica: «Imagina que estás tomando una taza de té. Cuando sostienes la taza, puede que quieras inspirar, llevar la mente de vuelta al cuerpo y así estar completamente presente. Y cuando estás de verdad ahí, hay algo más que también está ahí, la vida, representada en una taza de té. En ese momento eres real, y la taza de té es real. No estás perdido en el pasado, en el futuro, en tus proyectos, en tus preocupaciones. Eres libre de todas esas aflicciones Y en ese estado de ser libre disfrutas tu té. Ese es el momento de felicidad y de paz».

A lo largo del día, presta atención a tus propios momentos de *kairós*. Descríbelos en tu diario. Piensa en lo que detonó ese momento y qué te sacó de él. Ahora que ya sabes qué detona el momento, intenta recrearlo.

Entrenarte para sintonizarte con el *kairós* no solo te permitirá alcanzar un mayor nivel de rendimiento, sino que también te hará más feliz.

20

Sé

La vida esencialista

Cuidado con la esterilidad de una vida muy ocupada.

SÓCRATES

Todo comenzó cuando estudiaba para ser abogado en Inglaterra. Con una familia adinerada y buenas perspectivas profesionales, el futuro parecía brillante. Cada día despertaba con una sensación de certeza. Estaba seguro de su objetivo principal: prepararse para ser un profesional del derecho y tener una vida cómoda. Sin embargo, aprovechó la oportunidad de hacer un viaje alrededor del mundo y todo cambió.

Mohandas K. Gandhi fue a Sudáfrica y vio la opresión que existía allí. De repente encontró una vocación superior: la liberación de los oprimidos en cualquier lugar del mundo. Con ese propósito único, eliminó todo lo demás de su vida. Llamó a este proceso «reducirse a cero».[1] Se vistió con una túnica hilada en casa (*khadi*) y alentó a sus seguidores a hacer lo mismo. Pasó tres años sin leer ningún periódico porque le parecía que sus contenidos solo añadían confusión no esencial a su vida. Durante treinta y cinco días experimentó el modo de simplificar su dieta.[2] Un día a la semana permanecía sin hablar. Decir que rechazaba el consumismo sería quedarse muy corto: cuando murió tenía menos de diez cosas en su haber.

Por supuesto, resulta aún más importante decir que dedicó su vida a ayudar a la gente de la India a conseguir su independencia. Nunca quiso tener una posición política de ningún tipo. Sin embargo, en la India, se convirtió oficialmente en el «padre de la patria». Y su contribución se extendió mucho más allá de su país. Como dijo el general George C. Marshall, entonces secretario de Estado de Estados Unidos, en ocasión de su fallecimiento, «Mahatma Gandhi se había convertido en el portavoz de la conciencia de la humanidad, un hombre que hizo de la humildad y la simple verdad algo más poderoso que los imperios».[3] Albert Einstein añadió: «Las generaciones venideras apenas podrán creer que un hombre como él haya existido en carne y hueso sobre la Tierra».[4]

Es imposible poner en entredicho que Gandhi vivió una vida realmente relevante.

Por supuesto, no tenemos que intentar imitar a Gandhi para beneficiarnos de su ejemplo en cuanto a persona que vivió, total y completamente, como esencialista. Todos podemos purgar nuestra vida de lo no esencial y adoptar el camino del esencialista; con nuestros propios modos, en nuestro propio tiempo y a nuestra propia escala. Todos podemos vivir una vida no solo de simplicidad, sino de alta contribución y significado elevado.

Viviendo esencialmente

Hay dos maneras de pensar en el Esencialismo. La primera es considerarlo algo que haces ocasionalmente. La segunda, algo que eres. En la primera, el Esencialismo es una cosa más que añadir a tu vida, ya de por sí sobresaturada. En la segunda, se trata de un modo diferente —un modo más simple— de hacerlo todo. Se convierte en un estilo de vida. En un enfoque integral para vivir y dirigir. En la esencia de quienes somos.

El Esencialismo tiene profundas raíces en muchas tradiciones espirituales y religiosas. Buda Gautama abandonó su vida de príncipe para buscar una vida de asceta. El cambio lo condujo a su iluminación y al nacimiento del budismo. Asimismo, el judaísmo surgió de la historia de Moisés, que dejó su vida opulenta como príncipe adoptado de Egipto para vivir en el campo como pastor de ovejas; ahí fue donde encontró el arbusto en llamas y descubrió su misión esencial de sacar a los israelitas de la esclavitud. El profeta Mahoma vivió una vida esencial que implicaba reparar él mismo sus zapatos y su ropa, así como ordeñar su cabra, y enseñó a sus seguidores en el islam a hacer lo mismo. Juan el Bautista también fue ejemplo de un estilo de vida simple: vivía en el desierto, vestía ropa de pelo de camello y comía lo que sacaba de la tierra. Algunos grupos cristianos, como los cuáqueros, mantuvieron asimismo un elemento devotamente esencialista en su fe: por ejemplo, practicaban «el testimonio de la simplicidad», en el que se comprometían a llevar una vida exclusivamente con aquello que fuera esencial. Y, por supuesto, Jesús vivió como carpintero y luego, en su ministerio, vivió sin riqueza, posición política ni posesiones materiales.

A lo largo de la historia vemos reflejada la filosofía de «menos pero mejor» en la vida de otras importantes y diversas figuras, tanto religiosas como seculares: por nombrar algunos, el dalái lama, Steve Jobs, León Tolstoi, Michael Jordan, Warren Buffett, la madre Teresa y Henry David Thoreau (quien escribió: «Creo en la simplicidad. Es asombroso y triste al mismo tiempo ver cómo hasta el hombre más sabio ocupa sus días en asuntos triviales, creyéndose obligado a relegar al último término las cuestiones más importantes [...]. Simplifiquemos el problema de la existencia y distingamos lo necesario y lo real»).[5]

De hecho, encontramos esencialistas entre la gente más exitosa, en cualquier tipo de empresa humana. Se trata de líderes religiosos, periodistas, políticos, abogados, médicos, inversionistas, atletas, escritores, artistas. Son personas que hacen su mayor contribución de muchas maneras diferentes. No obstante, comparten un rasgo: no defienden de boquilla la idea de «menos pero mejor», sino que han elegido deliberadamente adoptar por completo el camino del esencialista.

Sea cual sea nuestro trabajo, campo o industria, todos podemos elegir hacer lo mismo.

Con suerte, a estas alturas del libro ya has aprendido y absorbido todos los principios y las habilidades más importantes del esencialista. En este capítulo llegas al momento de dar el paso final y aprender cómo usar dichas habilidades, no solo para practicar el Esencialismo de manera ocasional, sino para volverte un verdadero esencialista.

SER ESPECIALISTA EN ACTIVIDADES SECUNDARIAS

Hay una gran diferencia entre ser un no esencialista que aplica prácticas esencialistas y ser un esencialista que de manera ocasional retrocede hacia algunas prácticas no esencialistas. La cuestión es determinar cuál es tu especialidad y cuál es tu práctica secundaria. La mayoría de nosotros somos un poco esencialistas y un poco no esencialistas, pero la pregunta es: ¿qué eres en el fondo?

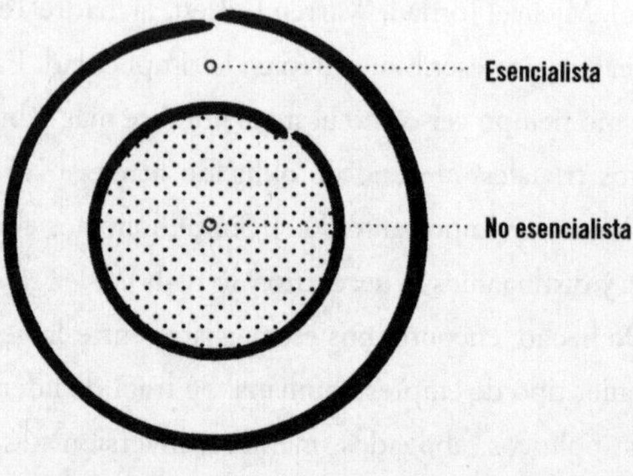

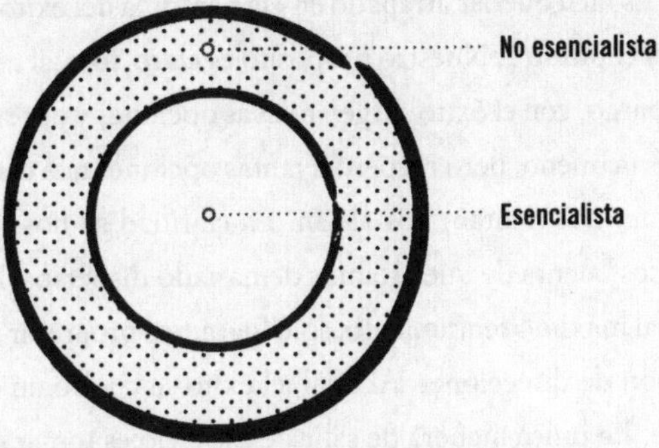

La gente que lleva el Esencialismo en su naturaleza obtiene mucho más de su inversión que aquellos que solo lo absorben a nivel superficial. De hecho, los beneficios se vuelven acumulativos. Cada elección que hacemos para buscar lo esencial y eliminar lo no esencial se construye a sí misma, haciendo que esa elección sea cada vez más habitual, hasta que prácticamente se convierte en un acto espontáneo. Con el tiempo, esta naturaleza interna se expande hacia fuera hasta que eclipsa casi por completo la parte de nosotros que aún sigue atrapada en lo no esencial.

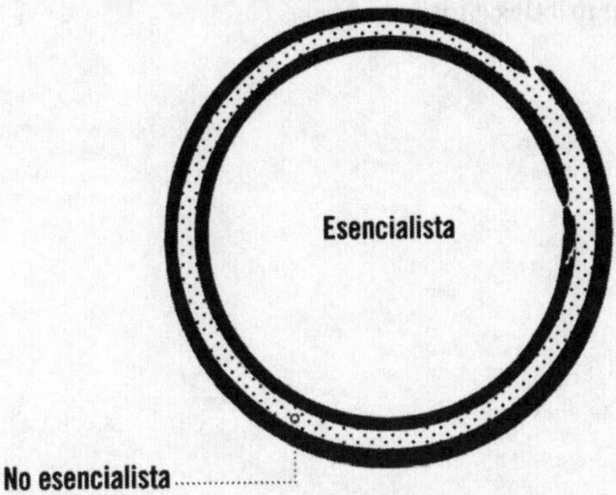

Es fácil quedar atrapado en «la paradoja del éxito» de la que se habla en el capítulo 1. Nuestro propósito es claro, lo cual nos lleva al éxito. Sin embargo, con el éxito surgen nuevas opciones y oportunidades. Esto parecería bueno, pero recuerda: tantas opciones nos distraen involuntariamente, nos tientan, nos alejan. La claridad se nos nubla y pronto nos damos cuenta de que estamos demasiado dispersos. En lugar de funcionar al máximo rendimiento, solo logramos progresar un milímetro en un millón de direcciones. Al final, el éxito se vuelve un catalizador del fracaso. La única manera de salir de ese ciclo es tomar el camino del esencialista.

No obstante, el camino del esencialista no se dirige solo al éxito, sino a vivir una vida con significado y propósito. Si miráramos en retrospectiva nuestra carrera profesional y nuestra vida, ¿preferiríamos ver una larga lista de «logros» en realidad poco sustanciales o unos cuantos logros importantes que tengan verdadero significado y valor?

Si te das la oportunidad de adoptar por completo el Esencialismo —de vivirlo en serio, en todo lo que haces, tanto en casa como en el trabajo—, se convertirá en parte de tu manera de ver y entender el mundo. Cambiarás tan profundamente tu forma de pensar, que las prácticas del Esencialismo que planteamos aquí, y muchas otras que irás desarrollando, se volverán naturales e instintivas.

A medida que estas ideas se vuelven emocionalmente auténticas, adquieren el poder de cambiarte.

Los griegos tenían una palabra, *metanoia*, que se refiere a una transformación del corazón. Tendemos a creer que las transformaciones solo se producen en la mente. Sin embargo, como dice el proverbio, «La manera en que un hombre piensa con el corazón es su manera de ser».[6] Cuando el espíritu del Esencialismo entra en nuestro corazón, el camino del esencialista se convierte en lo que somos. Cambiamos para ser diferentes y mejores.

Una vez que te conviertas en esencialista, te darás cuenta de que no eres como los demás. Cuando los demás digan que sí, tú te verás diciendo que no. Cuando los demás estén haciendo, tú te encontrarás pensando. Cuando los demás estén hablando, tú estarás escuchando. Cuando los demás estén bajo los focos, luchando por llamar la atención, tú estarás esperando tras las bambalinas hasta que llegue el momento de brillar. Mientras los demás estén abultando sus currículos y desarrollando sus perfiles de LinkedIn, tú estarás construyendo una carrera profesional con sentido. Mientras los demás se estén quejando (léase: presumiendo) de lo muy ocupados que están, tú te limitarás a sonreír con compasión, incapaz de identificarte con lo que dicen. Mientras los demás estén viviendo una vida de caos y estrés, tú estarás viviendo una vida significativa y plena. En muchos sentidos, vivir como esencialista en una sociedad de «demasiadas cosas a la vez» es un acto de revolución silenciosa.

No siempre es fácil vivir del todo como esencialista. Yo sigo lidiando con ello en numerosos aspectos. Por instinto, quiero satisfacer a la gente cuando me pide que haga algo, aunque sepa que se trata de algo no esencial. Cuando se me presentan oportunidades —en especial, buenas oportunidades—, sigo cayendo en la tentación de pensar que «puedo hacer ambas cosas», y en realidad no puedo. Todavía lucho contra el afán de comprobar el teléfono de manera impulsiva; en mis peores días me pregunto si mi epitafio dirá «Revisaba su correo electrónico». Soy el primero en admitirlo, la transición no se da de la noche a la mañana.

Sin embargo, he descubierto que con el tiempo se hace cada vez más fácil. Se vuelve menos incómodo decir que no. Las decisiones se ven más claras. Eliminar lo no esencial resulta más natural e instintivo. Me doy cuenta de que controlo mejor mis elecciones, hasta tal punto que mi vida es diferente. Si abres el corazón y la mente para adoptar por completo el Esencialismo, todo esto también será así para ti.

Hoy en día, el Esencialismo no es solo algo que practico. Ser un esencialista es una transformación continua. Al principio fueron unas cuantas decisiones deliberadas, luego se convirtió en un estilo de vida y después me cambió, en mi esencia misma. Sigo descubriendo, casi todos los días, que puedo hacer cada vez menos con el fin de aportar más.

Lo que para mí significa ser un esencialista se ejemplifica mejor en los pequeños momentos. Significa:

- Quedarme a jugar con mis hijos en la cama elástica en vez de ir a un evento para establecer contactos.
- Decidir no trabajar con clientes internacionales durante el último año para poder escribir.
- Pasar un día a la semana sin revisar ninguna red social, con el fin de estar completamente presente en casa.
- Levantarme a las cinco de la mañana y escribir hasta la una de la tarde todos los días durante ocho meses para poder terminar este libro.
- Aplazar una fecha límite del trabajo para poder ir de acampada con mis hijos.
- No ver nada de televisión ni películas cuando viajo por negocios con la intención de tener tiempo para pensar y descansar.
- Pasar todo un día, de manera regular, trabajando en la prioridad de ese día, aunque eso signifique no hacer nada de mi lista de tareas pendientes.
- Dejar en espera la novela que estoy leyendo porque hoy no es la prioridad.
- Escribir en mi diario casi todos los días durante los últimos diez años.
- Decir que no a la oportunidad de dar una charla para poder salir por la noche con Anna.
- Cambiar el tiempo que paso en Facebook por una llamada telefónica a mi abuelo de noventa y tres años.
- Rechazar la oferta de dar clases en Stanford porque sé que me quitará tiempo para difundir el mensaje del Esencialismo a través de mis conferencias y para estar con mi familia.

La lista sigue, pero lo que quiero demostrar es que concentrarse en lo esencial es una elección. Es tu elección. Esto, por sí mismo, es increíblemente liberador.

Hace años, recién salido de la escuela de derecho, estaba planeando cómo continuar mi carrera profesional. Con Anna como sabia consejera, analicé decenas, quizá cientos, de ideas diferentes. Entonces, un día íbamos hacia casa y le dije: «¿Y si fuera a Stanford a estudiar un posgrado?». Ya me había hecho antes muchas preguntas del tipo «¿Y si...?». Normalmente las ideas no cuajaban, pero esta vez experimenté una sensación de claridad inmediata: en ese instante, simplemente supe, ya a medida que las palabras escapaban de mis labios, que ese era el camino esencial para mí.

Lo que me hizo estar tan seguro de que iba por el camino adecuado fue que la claridad desaparecía en cuanto me planteaba intentar entrar en otro lugar. Inicié el proceso de solicitud para otros programas varias veces, pero siempre lo dejaba a los pocos minutos. No me sentía a gusto. Así que concentré todos mis esfuerzos en esa solicitud en concreto. Mientras esperaba la respuesta de la universidad surgieron muchas otras oportunidades, algunas bastante tentadoras. Las rechacé todas. Sin embargo, a pesar de la incertidumbre de no saber si me aceptarían, no estaba ansioso ni nervioso. Al contrario, me sentía calmado, concentrado y bajo control.

Solo presenté mi solicitud en Stanford; dos veces. Cuando finalmente recibí la oferta, la segunda vez, no podía haber tenido más claro que esto era lo más vital que podía estar haciendo. Era el camino acertado en el momento adecuado. Era la silenciosa confirmación personal del camino del esencialista.

Si no hubiera elegido la trayectoria del esencialista, tal vez nunca habría seguido la estrategia de «Stanford o nada». Quizá nunca habría escrito para la *Harvard Business Review* y sin duda nunca habría escrito las palabras que ahora estás leyendo, absorbiendo y, con suerte, pensando enérgicamente en cómo integrarlas a tu vida.

Convertirse en esencialista es un proceso largo, pero los beneficios son interminables. A continuación te presento algunas de las formas en que la búsqueda disciplinada de menos puede cambiar y mejorar tu vida.

MAYOR CLARIDAD

¿Recuerdas el armario metafórico del que hablamos en el capítulo 1? A medida que sigas ordenando el armario metafórico de tu vida, experimentarás una reorganización de lo que realmente importa. La vida consistirá menos en tachar líneas de tu lista de tareas pendientes o en apresurarte a hacer todo lo que tienes anotado en tu agenda y se centrará más en cambiar lo que pusiste ahí en primer lugar. Cada día tendrás más claro que el día anterior que las cosas esenciales son mucho más importantes que la siguiente cosa más importante de tu lista. Como resultado, la realización de lo esencial requiere cada vez menos esfuerzo.

MAYOR CONTROL

Ganarás confianza para hacer una pausa, retroceder o no apresurarte. Te sentirás cada vez menos dependiente de las agendas y las listas de tareas pendientes de los demás. Recuerda que si tú no estableces tus prioridades en tu vida, lo harán los demás. Sin embargo, si estás decidido a definir tus prioridades, puedes hacerlo. El poder es tuyo. Está dentro de ti.

MAYOR ALEGRÍA EN EL VIAJE

Al lograr concentrarte en lo que es verdaderamente importante en cada instante, serás capaz de vivir la vida de forma más plena, en el momento. Para mí, un beneficio clave de estar más presente en el momento ha sido crear recuerdos placenteros que de otra manera no existirían. Sonrío más. Valoro la simplicidad. Soy más alegre.

Como dijo el dalái lama, otro verdadero esencialista, «Si la vida de uno es simple, la satisfacción tiene que llegar. La simplicidad es extremadamente importante para la felicidad».

La vida esencial:
vivir una vida que realmente importe

La vida de un esencialista es una vida de significado. Es una vida que de verdad importa.

Cuando necesito recordar esto pienso en una historia. Es la de un hombre cuya hija de tres años falleció. En medio de su dolor, quiso hacer un vídeo de la pequeña y corta vida de la niña, pero al revisar sus vídeos caseros se dio cuenta de que algo faltaba. Había filmado vídeos de cada salida y cada viaje que habían realizado. Tenía mucho material, ese no era el problema. Sin embargo, aunque tenía muchas tomas de los lugares a los que habían ido —los sitios que habían visto, los paisajes que habían disfrutado, las comidas que habían hecho, los monumentos que habían visitado—, casi no tenía imágenes de cerca de su hija. Había estado tan ocupado filmado los alrededores que no filmó lo que era esencial.

Esta historia contiene dos de las lecciones más personales que aprendí en la larga travesía de escribir este libro. La primera es el papel tan importante que tiene mi familia en mi vida. En el mismísimo final, todo lo demás palidecerá en comparación con esto. La segunda es la patéticamente pequeña cantidad de tiempo que dejamos para nuestra vida. Para mí, este no es un pensamiento deprimente, sino emocionante. Elimina el miedo a elegir lo incorrecto. Llena mis entrañas de valor. Me reta a ser todavía más empecinadamente selectivo respecto a la forma de usar este valioso tiempo, y tal vez «valioso» es una palabra demasiado insípida para describirlo. Conozco a una persona que visita los cementerios de todo el mundo cuando viaja. Al principio lo consideré extraño, pero ahora comprendo que ese hábito mantiene su propia mortalidad en el centro de sus prioridades.

La vida del esencialista es una vida vivida sin arrepentimientos. Si has identificado correctamente lo que de verdad importa, si inviertes tu tiempo y tu energía en ello, es difícil que te arrepientas de tus decisiones. Te enorgulleces de la vida que has elegido vivir.

¿Elegirás vivir una vida con objetivos y significado o al mirar atrás verás la única vida que tienes con remordimientos? Si te quedas con una sola cosa de este libro, espero que recuerdes lo siguiente: ante cualquier decisión, desafío o encrucijada a la que te enfrentes, pregúntate: «¿Qué es lo esencial?». Elimina todo lo demás.

Si estás listo para buscar dentro de ti la respuesta a esta pregunta, estás listo para comprometerte con el camino del esencialista.

Apéndice

Puntos básicos del liderazgo

> Nunca dudes de que un pequeño grupo de ciudadanos pensantes y comprometidos puede cambiar el mundo; de hecho, son los únicos que lo han logrado.
>
> Margaret Mead

Jeff Weiner, director ejecutivo de LinkedIn, piensa que «menos cosas mejor hechas» es el mecanismo más poderoso para el liderazgo. Cuando tomó las riendas de la empresa, fácilmente pudo haber adoptado el típico procedimiento operativo de la mayoría de las nuevas empresas de Silicon Valley y haber intentado buscarlo todo. En cambio, rechazó muy buenas oportunidades con la intención de buscar solo las mejores. Weiner usa las siglas MCV (o FCS en inglés, que también remite a FOCUS, es decir, «enfoque») para enseñar su filosofía a los empleados de su empresa. Las siglas MCV significan: «Menos cosas mejor hechas», «Comunicar la información adecuada a la gente adecuada en el momento adecuado» y «Velocidad y calidad en la toma de decisiones». En realidad, esto es lo que significa liderar de una manera esencial.

Los equipos esencialistas

El Esencialismo, como forma de pensar y de actuar, es tan relevante para dirigir empresas y equipos como para dirigir nuestra vida. De hecho, muchas de las ideas que he explicado en este libro las vi con claridad por primera vez al trabajar con equipos ejecutivos.

Desde entonces he reunido información acerca de la experiencia de más de quinientos individuos en más de mil equipos. Pedí a la gente que respondiera una serie de preguntas sobre algún momento en el que hubieran trabajado en un equipo cohesionado: cómo fue la experiencia, qué papel desempeñó su jefe y cuál fue el resultado final. Luego, les pedí que compararan esas respuestas con alguna experiencia en la que hubieran trabajado en un equipo poco cohesionado: cómo fue, qué papel desempeñó su jefe y cómo afectó eso en el resultado final.

Los resultados de la investigación fueron impactantes: cuando tenían muy claro el objetivo, los equipos y sus miembros prosperaron de manera abrumadora. Cuando no era muy obvio el propósito para el cual se había formado el equipo ni cuáles eran sus metas y funciones, la gente experimentaba confusión, estrés, frustración y, por último, fracaso. Una vicepresidente ejecutiva, al conocer los resultados obtenidos por su equipo extendido, lo resumió así: «Claridad es igual a éxito».

Esta es solo una de las muchas razones por las cuales el principio de «menos pero mejor» es tan útil tanto para crear equipos que funcionen bien como para ayudar a los individuos a vivir una vida plena. Hoy en día, la vida en los equipos es rápida y llena de oportunidades. Cuando los equipos están unidos, la abundancia de oportunidades puede ser buena. Sin embargo, cuando un equipo carece de objetivos claros, resulta difícil, si no imposible, distinguir en ese mar de oportunidades las que son realmente vitales. La consecuencia involuntaria es que los jefes no esencialistas intentan que sus equipos busquen demasiadas cosas —y ellos también lo intentan—, entonces el equipo se estanca y no logra progresar. El líder esencialista toma una decisión diferente. Teniendo un propósito preciso, puede aplicar el «menos pero mejor» a todo, desde la selección de talentos hasta la dirección, pasando por las funciones, la comunicación y la rendición de cuentas. Como resultado, su equipo se cohesiona y cruza el umbral hacia el siguiente nivel.

EN QUÉ CONSISTE LIDERAR COMO UN ESENCIALISTA

A estas alturas del libro, has aprendido cuáles son las grietas del pensamiento no esencialista y has reemplazado su falsa lógica por las verdades básicas del Esencialismo. Sin embargo, el Esencialismo no se acaba en el individuo. Si eres un líder — sea de un equipo de dos colegas, sea de un departamento de quinientos empleados o sea incluso de algún grupo de tu escuela o comunidad—, el siguiente paso en tu travesía, en caso de que estés dispuesto a darlo, es aplicar estas mismas habilidades y formas de pensar a tu liderazgo.

	No esencialista	Esencialista
MENTALIDAD	Todo para todos.	Menos pero mejor.
TALENTO	Contrata gente de manera frenética y desata una «explosión de incompetentes».	Es puntillosamente selectivo en cuanto al talento y descarta a aquellas personas que no dejan avanzar al equipo.
ESTRATEGIA	Sigue una estrategia dispersa, en la que todo es prioritario.	Define un objetivo esencial al responder la pregunta: «Si solo pudiéramos hacer una cosa, ¿cuál sería?». Elimina las distracciones no esenciales.
EMPODERAMIENTO	Permite que haya ambigüedad sobre quién está haciendo qué. Las decisiones son caprichosas.	Se concentra en la función y en el rendimiento máximo de cada miembro del equipo.
COMUNICACIÓN	Habla en código.	Escucha para llegar a lo que es esencial.
RENDICIÓN DE CUENTAS	Supervisa demasiado o está tan ocupado que desaparece por completo. A veces hace ambas cosas: altera la concentración del grupo y luego se ausenta del grupo.	Supervisa a la gente de manera cordial y cuidadosa para ver cómo puede ayudarles a eliminar los obstáculos y a favorecer las pequeñas victorias.
RESULTADO	Un equipo fracturado que logra progresos milimétricos en un millón de direcciones.	Un equipo cohesionado que cruza el umbral para avanzar al siguiente nivel de rendimiento.

Con este cuadro deberían quedar claras las ventajas de aplicar el planteamiento esencialista a cada aspecto importante del liderazgo. De todos modos, vamos a tomarnos un momento para desarrollarlas brevemente con el fin de puntualizar la manera exacta de liderar como un esencialista.

SÉ EXCESIVAMENTE SELECTIVO AL CONTRATAR GENTE

Un no esencialista tiende a contratar personal de manera frenética e impulsiva, luego se ocupa de otras cosas o se distrae demasiado para poder despedir o volver a formar a la gente que está retrasando al equipo. Al principio, la oleada de contrataciones parece justificada porque debe mantenerse el ritmo de crecimiento. No obstante, equivocarse al contratar es mucho más costoso que andar cortos de personal. Además, el costo de contratar a demasiada gente que no funciona (contratar sin criterio lleva a más contrataciones sin criterio, ya que la persona incompetente tenderá a atraer a mucha más gente incompetente) es lo que Guy Kawasaki llamó «explosión de incompetentes», un término que utiliza para describir lo que sucede cuando un equipo o una empresa que antes era excelente desciende a la mediocridad.[1]

Por el contrario, el esencialista es puntillosamente selectivo al buscar talentos. Tiene la disciplina de esperar la contratación perfecta —sin importar cuántos currículos tenga que leer, cuántas entrevistas deba hacer o cuántas búsquedas de talentos deba realizar— y no duda en despedir al personal que retrasa al equipo. El resultado es un equipo lleno de gente que tiene un excelente rendimiento y cuyos esfuerzos colectivos sobrepasan ampliamente la suma de sus partes (para saber más sobre este tema, consulta el capítulo 9, «Selecciona»).

DEBATE HASTA QUE HAYAS ESTABLECIDO UN OBJETIVO ESENCIAL VERDADERAMENTE CLARO (NO RELATIVAMENTE CLARO)

Sin propósitos claros, los líderes no esencialistas dispersan su estrategia: intentan cumplir demasiados objetivos y hacen demasiadas cosas. Como resultado, sus equipos se dispersan en un millón de direcciones y progresan muy poco en cualquiera de ellas. Desperdician tiempo en lo no esencial e ignoran las cosas realmente valiosas (consulta el capítulo 10 sobre la importancia de contar con un propósito y un objetivo esencial). Hoy en día, en las organizaciones se habla mucho del «alineamiento» y, en efecto, cuanto más alineado esté un equipo, mayor será su rendimiento. Un objetivo claro lleva al alineamiento, una dirección vaga siempre produce «desalineamiento».

BUSCA UN EMPODERAMIENTO EXTREMO

El no esencialista le resta poder a la gente al permitir que haya ambigüedad sobre quién está haciendo qué. A menudo, esto se justifica diciendo que se quiere tener un equipo ágil o flexible. Cuando las personas no saben de qué son responsables ni cómo será evaluado su rendimiento, cuando las decisiones son o parecen caprichosas y cuando las funciones están mal definidas, es solo cuestión de tiempo que la gente se rinda o, peor aún, se obsesione con tratar de parecer ocupada y, por lo tanto, importante, en lugar de hacer trabajo real.

El esencialista entiende que la claridad es la clave del empoderamiento. No consiente que las funciones se definan de forma general o vaga. Se asegura de que a todos los miembros del equipo les quede realmente claro cómo se espera que contribuyan y cómo están contribuyendo los demás. Hace poco, un director ejecutivo admitió que había dejado que la ambigüedad de su equipo ejecutivo retrasara a toda la organización. Para reparar el daño, según dijo, puso en marcha un inmenso proceso de reestructuración, hasta que solo quedaron cuatro subordinados directos, cada uno con una clara responsabilidad funcional en el marco de toda la organización.

El iconoclasta emprendedor y capitalista de riesgo Peter Thiel llevó la idea de «menos pero mejor» a un nivel poco ortodoxo cuando insistió en que los empleados de PayPal seleccionaran una sola prioridad de su puesto y se concentraran exclusivamente en ella. Según recuerda Keith Rabois, ejecutivo de PayPal, «Peter solicitó que a cada empleado le fuera asignada exactamente una prioridad. Se negaba a discutir cualquier otra cosa con la gente que no fuera su iniciativa número uno en ese momento. Incluso los formularios de revisión anual de 2001 requerían que cada empleado identificara su aportación individual más valiosa a la empresa».[2] El resultado fue que los empleados se sintieron empoderados para hacer cualquier cosa dentro de los confines de esa función claramente definida que, a su juicio, contribuiría al máximo a cumplir la misión compartida de la empresa.

COMUNICA LAS COSAS ADECUADAS A LA GENTE ADECUADA EN EL MOMENTO ADECUADO

El líder no esencialista se comunica en código, en consecuencia, la gente no está segura de lo que significa lo que dice. La comunicación no esencialista suele ser demasiado general para convertirse en acción o cambiar tan rápido que la gente siempre se ve sorprendida con la guardia baja. Por el contrario, los líderes esencialistas comunican las cosas adecuadas a la gente adecuada en el momento adecuado. Los líderes esencialistas hablan con pocas palabras; optan por mesurar su comunicación para mantener concentrado al equipo. Cuando hablan, son claros como el agua. Eliminan la palabrería y su mensaje es tan congruente que hasta a ellos mismos les parece aburrido. De esta manera, los equipos pueden captar lo esencial en medio del ruido trivial.

SUPERVISA A MENUDO PARA GARANTIZAR UN PROGRESO SIGNIFICATIVO

Al líder no esencialista no se la da bien la rendición de cuentas. Una razón primaria, y un tanto obvia, es que, cuantos más elementos abarque una persona, más difícil es darles seguimiento. De hecho, el líder no esencialista puede predisponer sin querer a su gente a no esperar seguimiento alguno. A su vez, los miembros del equipo pronto aprenden que no existen repercusiones si fallan, toman atajos o priorizan lo más fácil y dejan lo que es más importante. Aprenden que los objetivos que expresa el líder solo tendrán una relevancia momentánea para luego dar lugar a otra cosa que también recibirá un interés momentáneo.

Insistiendo en dejar claro lo que realmente se requiere, el líder esencialista logra que el seguimiento sea tan fácil y tan libre de fricciones que en verdad sucede así. Al supervisar frecuentemente a la gente para premiar las pequeñas victorias y ayudarla a eliminar los obstáculos, aumenta la motivación y la concentración del equipo y le permite lograr un progreso más significativo (consulta el capítulo 17 sobre el poder del progreso).

El simple hecho de liderar de acuerdo con el principio de «menos pero mejor» permitirá a tu equipo ampliar su nivel de rendimiento colectivo y conseguir algo ciertamente excepcional.

Ela Bhatt, una esencialista clásica y una líder sin duda visionaria cuyo legado incluye logros tan significativos como ganar el prestigioso Premio Indira Gandhi de la Paz, fundar decenas de instituciones dedicadas a mejorar la condición de las mujeres pobres de la India y ser nombrada una de las heroínas personales de Hillary Clinton, expresó lo siguiente:

> De todas las virtudes, la simplicidad es mi favorita. Hasta tal punto que tiendo a creer que la simplicidad puede resolver la mayoría de los problemas, tanto personales como mundiales. Si uno se plantea la vida de forma simple, no es necesario mentir con tanta frecuencia, ni pelear, robar, envidiar, enojarse, abusar o matar. Todo el mundo tendría lo suficiente, así que no sería necesario acaparar, especular, apostar, odiar. Cuando tu carácter es hermoso, tú eres hermoso. Esa es la belleza de la simplicidad.[3]

De hecho, esa es la belleza de liderar como un esencialista.

El reto Esencialismo en 21 días

Muchas personas que quieren convertirse en esencialistas me han preguntado por dónde deberían empezar. Mi respuesta es que acometan el reto Esencialismo en 21 días. Cada día corresponde a un capítulo del libro y contiene un micropaso que puedes dar para que sea más fácil iniciar el camino. Te recomiendo que invites a la gente de tu equipo o a alguien de tu familia a encarar este reto contigo y hablar de vuestra experiencia: ¿qué os costó más, qué se interpuso, qué fue fácil o qué lograsteis?

También he preparado vídeos cortos para cada día del reto. Visita el enlace <essentialism.flywheelsites.com/21-day-challenge/> y escribe este código para acceder al contenido:

RsB8S13d@

Convertirse en esencialista puede parecer difícil y abrumador, pero no tiene por qué serlo.

DÍA 1: EL ESENCIALISTA. Busca un compañero que te ayude con el reto y leed juntos el primer capítulo de *Esencialismo*. Invítale a acometer el reto de 21 días contigo.

DÍA 2: ELIGE. Si te encuentras diciendo las palabras «tengo que», sustitúyelas por «elijo (rellena el espacio en blanco)».

DÍA 3: DISTINGUE. Pregúntate qué es lo más importante que puedes hacer hoy.

DÍA 4: SACRIFICA ALGO. Cuando se te pase por la cabeza la idea «Puedo hacer ambas cosas», detente, haz una pausa y elige una de las opciones.

DÍA 5: ESCÁPATE. Ten previsto tomarte un tiempo cada tres meses para explorar lo que es esencial.

DÍA 6: MIRA. Empieza un diario esencialista: escribe solo una frase al día respondiendo a la pregunta: «¿Qué es lo más importante que ha sucedido hoy?».

DÍA 7: JUEGA. Pasa diez minutos jugando con un niño. Piérdete en la mágica exploración que a los niños les resulta tan sencilla.

DÍA 8: DUERME. Échate una siesta de veinte minutos.

DÍA 9: SELECCIONA. Cuando algo no sea un sí claro, conviértelo en un no rotundo.

DÍA 10: ACLARA. Antes de ir a la próxima reunión, para y pregúntate: «¿Qué es lo que realmente quiero conseguir en esta reunión?».

DÍA 11: ATRÉVETE. Escribe cómo decir «no» con elegancia.

DÍA 12: LÍBRATE DE LOS COMPROMISOS. Mira los compromisos que tengas anotados en tu agenda para esta semana y pregúntate: «Si no estuviera ya involucrado, ¿cuánto me esforzaría para formar parte de esto ahora?».

DÍA 13: EDITA. Sigue esta norma durante un día: si añades una actividad, tendrás que eliminar una actividad existente para dejarle hueco a la nueva.

DÍA 14: LIMITA. La próxima vez que alguien te pida que hagas algo, haz una pausa y di: «Déjame que revise mi agenda y te lo confirmo».

DÍA 15: AMORTIGUA. Apunta cuatro «citas» de treinta minutos en tu agenda cada día para amortiguar. Resérvate un tiempo para encargarte de los imprevistos y las oportunidades que se presenten.

DÍA 16: RESTA. Cuando te enfrentes hoy a un obstáculo, en vez de luchar contra él, pregúntate cómo puedes eliminarlo.

DÍA 17: PROGRESA. Empieza una reunión con la pregunta: «¿Qué ha ido bien desde la última vez que nos vimos?».

DÍA 18: FLUYE. Empieza con una agenda semanal en la que no tengas nada apuntado. Diseña tu rutina perfecta: cómo quieres pasar el tiempo cada semana.

DÍA 19: CONCÉNTRATE. Haz una pausa una vez al día para preguntarte qué es importante ahora.

DÍA 20: SÉ. Ten previsto tomarte un tiempo cada tres meses para explorar, hablar, reflexionar, soñar y planificar.

DÍA 21: PUNTOS BÁSICOS DEL LIDERAZGO. Invita a tu equipo a leer *Esencialismo* como en un club de lectura. De ese modo hablaréis todos de las cosas que de verdad importan.

Notas

1. El esencialista

1. Escribí una versión de esta historia en un post publicado en la *Harvard Business Review* titulado «If You Don't Prioritize Your Life, Some One Else Will» (28 de junio de 2012), en <http//:blogs.hbr.org/2012/06/how-to-say-no-to-a-controlling>.

2. Originalmente llamada «la paradoja de la claridad» en un post que escribí para la *Harvard Business Review*, titulado «The Disciplined Pursuit of Less» (8 de agosto de 2012), en <http://blogs.hbr.org/2012/08/the-disciplined-pur suit-of-less>. En varias partes de este libro he retomado material de otros blogs que he escrito para la *HBR*.

3. Jim Collins, *How the Mighty Fall: And Why Some Companies Never Give In,* Nueva York, HarperCollins, 2009.

4. Peter Drucker, «Managing Knowledge Means Managing Oneself», *Leader to Leader Journal*, n.º 16 (primavera 2000), <www.hesselbeinstitute.org/knowledgecenter/journal.aspx?ArticleD=26>.

5. Shai Danziger, Jonathan Levav y Liora Avnaim-Pessoa, «Extraneous Factors in Judicial Decisions», *Proceedings of the National Academy of Sciences*, 108, n.º 17 (2011), pp. 6889-6892.

6. Bronnie Ware, «The Top Five Regrets of the Dying», *Huffington Post* (21 de enero de 2012), <www.huffingtonpost.com/bronnie-ware/top-5-regrets-of-the-dyin_b_1220965.html>. Escribí por primera vez sobre esto en un post para

la *Harvard Business Review* titulado «If You Don't Prioritize Your Life, Some One Else Will» (28 de junio de 2012), en <http//:blogs.hbr.org/2012/06/how-to-say-no-to-a-controlling>.

7. «The Disciplined Pursuit of Less», *op. cit.*

8. «The Disciplined Pursuit of Less», *op. cit.*

9. Entrevista a Peter Drucker de Bruce Rosenstein el 11 de abril de 2005. Bruce publicó la entrevista en su libro *Living in More Than One World: How Peter Drucker's Wisdom Can Inspire and Transform Your Life,* San Francisco, Berret-Koehler, 2009.

10. *Race to Nowhere: The Dark Side of America's Achievement Culture,* dirigido por Vicki Abeles (2011), es un documental y un movimiento dedicado a combatir, usando mis propias palabras, el no esencialismo en las escuelas. Trabajan para reducir la imposición de tareas y estrés innecesarios en los niños. Consulta su sitio de internet en <www.racetonowhere.com>.

11. Hay muchas citas de esta o de afirmaciones similares. Emile Gauvreau es solo un ejemplo: «Yo era parte de esa extraña raza de personas que se puede decir que desperdician su vida haciendo cosas que detestan para ganar dinero que no quieren para comprar cosas que no necesitan con el fin de impresionar a personas que no les caen bien». (Citado en Jay Friedenberg, *Artificial Psychology: The Quest for What it Means to Be Human,* Nueva York, Taylor and Francis, 2010, p. 217).

12. Mary Oliver, «The Summer Day», *New and Selected Poems,* vol. 1, Boston, Beacon Press, 1992, p. 94.

2. Elige

1. M. E. P. Seligman, «Learned Helplessness», *Annual Review of Medicine,* 23, n.° 1 (1972), pp. 407-412, doi: 10.1146/annurev.me.23.020172.002203.

2. William James, *Letters of William James,* ed. Henry James, Boston, Atlantic Monthly Press, 1920, pp. 1-147; citado en Ralph Barton Perry, *The Thought and Character of William James*, 1948, (repr. Cambridge, Harvard University Press, 1996), pp. 1-323.

3. DISTINGUE

1. John Carlin, «If the World's Greatest Chef Cooked for a Living, He'd Starve», *Guardian* (11 de diciembre de 2006), <http://observer.theguardian.com/foodmonthly/futureoffood/story/0,,1969713,00.html>.

2. Joseph Moses Juran, *Quality-Control Handbook,* Nueva York, McGraw Hill, 1951.

3. Esto lo escribí originalmente en un post para la *Harvard Business Review* titulado «The Unimportance of Practically Everything» (29 de mayo de 2012).

4. Richard Koch, *The 80/20 Principle: The Secret of Achieving More with Less,* Londres, Nicholas Brealey, 1997; *The Power Laws,* Londres, Nicholas Brealey, 2000, publicado en Estados Unidos con el título *The Natural Laws of Business,* Nueva York, Doubleday, 2001; *The 80/20 Revolution*, Londres, Nicholas Brealey, 2002, publicado en Estados Unidos con el título *The 80/20 Individual,* Nueva York, Doubleday, 2003, y *Living the 80/20 Way,* Londres, Nicholas Brealey, 2004.

5. Warren Buffett, citado en Koch, *The 80/20 Individual*, p. 20.

6. Mary Buffett y David Clark, *The Tao of Warren Buffett: Warren Buffett's Words of Wisdom,* Nueva York, Scribner, 2006, n.º 68.

7. «The Unimportance of Practically Everything», *op. cit.*

8. Me lo confirmó en la reunión a la que asistimos los dos en la Fundación Bill y Melinda Gates en Seattle, Washington. Él dio una conferencia y después conversamos durante algunos minutos. Confirmó que lo había dicho o que había dicho palabras muy similares con los mismos fines y que realmente creía que era verdad.

9. John Maxwell, *Developing the Leader Within You,* Nashville, T. Nelson, 1993, pp. 22-23.

4. SACRIFICA ALGO

1. «30-Year Super Stocks: Money Magazine Finds the Best Stocks of the Past 30 Years», *Money magazine* (9 de octubre de 2002).

2. «Herb Kelleher: Managing in Good Times and Bad», entrevista, *View from the Top* (15 de abril de 2006), <https://www.youtube.com/watch?v=wxyC3Ywb9yc>.

3. M. E. Porter, «What Is Strategy?», *Harvard Business Review,* 74, n.º 6 (1996).

4. Erin Callan, «Is There Life After Work?», *New York Times* (9 de marzo de 2013).

5. Judith Rehak, «Tylenol Made a Hero of Johnson & Johnson», *New York Times* (23 de marzo de 2002), <https://www.nytimes.com/2002/03/23/your-money/IHT-tylenol-made-a-hero-of-johnson-johnson-the-recall-that-started.html>.

6. Michael Josephson, «Business Ethics Insight: Johnson & Johnson's Values-Based Ethical Culture: Credo Goes Beyond Compliance», *Business Ethics and Leadership*.

7. Sowell en una charla que dio en la Universidad Estatal de Ohio en 1992.

8. Stephanie Smith, «Jim Collins on Creating Enduring Greatness», *Success,* s.f., <www.success.com/articles/1003-jim-collins-on-creating-enduring-greatness>, consultado el 22 de septiembre de 2013.

9. David Sedaris, «Laugh, Kookaburra», *The New Yorker* (24 de agosto de 2009), <www.newyorker.com/reporting/2009/08/24/090824fa_fact_sedaris>.

5. Escápate

1. Frank O'Brien, «Do Not Call Mondays: The Perks of Being Unavailable», *INC Magazine* (junio de 2013).

2. Scott Doorley y Scott Witthoft, *Make Space: How to Set Stage for Creative Collaboration,* Hoboken, John Wiley, 2012, p. 132.

3. Richard S. Westfall, *Never at rest: A Biography of Isaac Newton,* Cambridge, Cambridge University Press, 1980, p. 105.

4. Jeff Weiner, «The Importance of Scheduling Nothing», *LinkedIn* (3 de abril de 2013), <https://www.linkedin.com/pulse/20130403215758-22330283-the-importance-of-scheduling-nothing>.

5. Estoy en deuda con la excelente narración de la «semana para pensar» de Bill Gates realizada de primera mano por Robert A. Guth en «In Secret Hideaway, Bill Gates Ponders Microsoft's Future», *Wall Street Journal* (28 de marzo de 2005), <https://www.wsj.com/articles/SB111196625830690477>.

6. Mira

1. Nora Ephron, «The Best Journalism Teacher I Ever Had», *Northwest Scholastic Press* (18 de junio de 2013); Ephron también escribió al respecto en su ensayo «Getting to the Point», en *Those Who Can… Teach! Celebrating Teachers Who Make a Difference,* de Lorraine Glennon y Mary Mohler, Berkeley, Wildcat Canyon Press, 1999, pp. 95-96.

2. La descripción del accidente se puede consultar en la Aviation Safety Network's Aviation Safety Database, en <http://aviation-safety.net/database/>, consultado el 9 de junio de 2012.

3. Se lo dice a Harry Potter en la película *Las reliquias de la muerte,* parte 1.

4. «El juego consiste en que todos anden corriendo por ahí con extintores cuando hay una inundación y se agrupen en ese lado del bote que ya tiene la borda sumergida», C. S. Lewis, *The Screwtape Letters,* San Francisco, HarperCollins, 2001, p. 138. [Hay trad. cast.: *Cartas del diablo a su sobrino*, Rialp, 2015].

5. «Young Firm Saves Babies' Lives», Escuela de Negocios de Stanford (7 de junio de 2011).

7. Juega

1. Mihaly Csikszentmihalyi, *Flow, the Secret to Happiness,* TED talk (febrero de 2004), <https://www.ted.com/talks/mihaly_csikszentmihalyi_flow_the_secret_to_happiness>.

2. Sir Ken Robinson, *Bring on the Learning Revolution!*, TED talk (febrero de 2010), <www.ted.com/talks/sir_ken_robinson_bring_on_the_revolution.html>.

3. Stuart Brown, *Play Is More Than Just Fun*, TED talk (mayo de 2008), <https://www.ted.com/talks/stuart_brown_play_is_more_than_just_fun>.

4. Citado en Stuart Brown, *Play: How It Shapens the Brain, Opens the Imagination, and Invigorates the Soul,* Nueva York, Avery, 2009, p. 29.

5. Jaak Panksepp, *Affective Neuroscience: The Foundations of Human and Animal Emotions,* Oxford, Oxford University Press, 1998, p. 297.

6. Citado como una conversación entre Einstein y János Plesch en el libro de János Plesch, *János: The Story of a Doctor,* traducido al inglés por Edward FitzGerald, Londres, Gollancz, 1947, p. 207.

7. Supriya Ghosh, T. Rao Laxmi y Sumantra Chattarji, «Functional Connectivity from the Amygdala to the Hippocampus Grows Stronger after Stress», *Journal of Neuroscience*, 33, n.º 38 (2013), <www.jneurosci.org/content/33/17/7234.abstract>.

8. Edward M. Hallowell, *Shine: Using Brain Science to Get the Best from Your People,* Boston, Harvard Business Review Press, 2011, p. 125.

9. *Ibid.*, p. 113.

8. Duerme

1. K. Anders Ericsson, Ralf Th. Krampe y Clemens Tesch-Romer, «The Role of Deliberate Practice in the Acquisition of Expert Performance», *Psychological Review,* 100, n.º 3 (1993), pp. 363-406, <http://graphics8.nytimes.com/images/blogs/freakonomics/pdf/DeliberatePractice(PsychologicalReview).pdf>.

2. Charles A. Czeisler, «Sleep Deficit: The Performer Killer», entrevista a Bronwyn Fryer, *Harvard Business Review* (octubre de 2006), <http://hbr.org/2006/10/sleep-deficit-the-performance-killer>.

3. Ullrich Wagner *et al.*, «Sleep Inspires Insight», *Nature,* 427 (22 de enero de 2004), pp. 352-355. Un estudio adicional que apoya esta idea es: Michael Hopkin, «Sleep Boosts Lateral Thinking», *Nature* (22 de enero de 2004), <www.nature.com/news/2004/040122/full/news040119-10.html>.

4. Nancy Ann Jeffrey, «Sleep Is the New Status Symbol For Successful En-

trepreneurs», *Wall Street Journal* (2 de abril de 1999), <http://online.wsj.com/article/SB923008887262090895.html>.

5. Erin Callan, «Is There Life After Work?», *New York Times* (9 de marzo de 2013), <www.nytimes.com/2013/03/10/opinion/sunday/is-there-life-after-work.html?_r=0>.

9. Selecciona

1. Derek Sivers, «No more Yes. It's Either HELL YEAH! or NO» (26 de agosto de 2009), <http://sivers.org/hellyeah>.

2. «Box CEO Levie at Startup Day», *GeekWire* (24 de septiembre de 2012), <https://youtube.com/watch?v=W99AjxpUff8>.

3. Esto lo cité originalmente en un post que escribí para la *Harvard Business Review* titulado «The Disciplined Pursuit of Less» (8 de agosto de 2012), <http://blogs.hbr.org/2012/08/the-disciplined-pursuit-of-less/>.

10. Aclara

1. Este ejercicio y otras partes de este capítulo se publicaron originalmente en la *Harvard Business Review* con el título «If I Read One More Platitude-Filled Mission Statement, I'll Scream» (4 de octubre de 2012).

2. Realmente estoy en deuda con Gary Hamel y C. K. Prahalad y con su brillante texto publicado en la *Harvard Business Review* «Strategic Intent» (mayo de 1989), <https://hbr.org/2005/07/strategic-intent>. Ellos usaron como contexto las empresas japonesas que en aquella época tenían el objetivo a largo plazo de impulsarse a ir más allá de su nivel actual de recursos. Con el tiempo, y a medida que trabajaba con personas y equipos, esta idea ha resultado útil pero ha cambiado lo suficiente para describirla de una manera distinta, es decir, como objetivo esencial.

11. Atrévete

1. Juan Williams, *Eyes on the Prize: America's Civil Rights Years, 1954-1965*, Nueva York, Penguin Books, 2002, p. 66.

2. Mark Feeney, «Rosa Parks, Civil Rights Icon, Dead at 92», *Boston Globe* (25 de octubre de 2005).

3. Donnie Williams y Wayne Greenhaw, *The Thunder of Angels: The Montgomery Bus Boycott and the People who Broke the Back of Jim Crow,* Chicago, Chicago Review Press, 2005, p. 48.

4. «Civil Rights Icon Rosa Parks Dies at 92», CNN (25 de octubre de 2005).

5. Esta historia se ha publicado en distintos sitios, pero esta narración proviene de mi entrevista con Cynthia Covey en 2012.

6. Stephen R. Covey, Roger Merrill y Rebecca Merrill, *First Things First,* Nueva York, Simon and Schuster, 1995, p. 75. [Hay trad. cast.: *Primero, lo primero*, Paidós, 2012].

7. <https://students.aiu.edu/submissions/profiles/resources/onlineBook/U6D2K4_Social_Psychology%202.pdf>.

8. Citado en Howard Gardner, «Creators: Multiple Intelligences», en *The Origins of Creativity,* Karl H. Pfenninger y Valerie R. Shubik (eds.), Oxford, Oxford University Press, 2001, p. 132.

9. La primera referencia a esto apareció en un post que escribí para la *Harvard Business Review* titulado «If You Don't Prioritize Your Life, Some One Else Will» (28 de junio de 2012), en <http//:blogs.hbr.org/2012/06/how-to-say-no-to-a-controlling>.

10. En *1993 Interview re: Paul Rand and Steve Jobs,* Doug Evans (dir.), subida el 2 de enero de 2007, <www.youtube.com/watch?v=xb8idEf-lak>. Steve Jobs explica cómo Paul Rand ideó el logo para NeXT.

11. Carol Hymowitz, «Kay Krill on Giving Ann Taylor a Makeover», Business Week (9 de agosto de 2012), <www.businessweek.com/articles/2012-08-08/kay-krill-on-giving-ann-taylor-a-makeover#p2>.

12. Líbrate de los compromisos

1. «Concorde the Record Breaker», s. f., <www.concorde-art-world.com/html/record_breaker.html>, consultado el 22 de septiembre de 2013; Peter Gillman, «Supersonic Bust», *Atlantic* (enero de 1977), <www.theatlantic.com/past/docs/issues/77jan/gillman.htm>.

2. «Ministers Knew Aircraft Would Not Make Money», *Independent*.

3. Gillman, «Supersonic Burst».

4. Michael Rosenfield, «NH Man Loses Life Savings on Carnival Game», CBS Boston (29 de abril de 2013), <http://boston.cbslocal.com/2013/04/29nh-man-lose-life-savings-on-carnival-game/>.

5. Daniel Kahneman, Jack L. Knetsch y Richard H. Thaler, «Anomalies: The Endowment Effect, Loss Aversion and Status Quo Bias», *Journal of Economic Perspective,* 5, n.º 1 (1991), pp. 193-206, <https://www.aeaweb.org/articles?id=10.1257/jep.5.1.193>.

6. Tom Stafford, «Why We Love to Hoard… and How You Can Overcome It», BBC News (17 de julio de 2012), <www.bbc.com/future/story/20120717-why-we-love-to-hoard>.

7. Esto apareció originalmente en un post que escribí para la *Harvard Business Review* titulado «The Disciplined Pursuit of Less» (8 de agosto de 2012), en <http://blogs.hbr.org/2012/08/the-disciplined-pursuit-of-less/>.

8. Hal R. Arkes y Peter Aykon, «The Sunk Cost and Concorde Effects: Are Humans Less Rational Than Lower Animals?», *Psychological Bulletin,* 125, n.º 5 (1999), pp. 591-600, <http://americandreamcoalition-org.adcblog.org/transit/sunkcosteffect.pdf>.

9. James Surowiecki, «That Sunk-Cost Feeling», *The New Yorker* (21 de enero de 2013), <https://www.newyorker.com/magazine/2013/01/21/that-sunk-cost-feeling>.

10. Daniel Shapero, «Great Managers Prune as Well as Plant», LinkedIn (13 de diciembre de 2012), <www.linkedin.com/today/post/article/20121213073143-314058-great-managers-prune-as-well-as-plant>.

13. Edita

1. Mark Harris, «Which Editing Is a Cut Above?», *New York Times* (6 de enero de 2008). En 1980, *Gente corriente* ganó el premio a la mejor película, aunque su editor, Jeff Kanew, no fue nominado al mejor montaje.

2. *Ibid.*

3. «Jack Dorsey: The CEO as Chief Editor» (9 de febrero de 2011), vídeo, subido el 15 de febrero de 2011, <www.youtube.com/watch?v=fs0R-UvZ-hQ>.

4. Stephen King, *On Writing: A Memoir of the Craft*, edición del décimo aniversario, Nueva York, Pocket Books, 2000, p. 224. [Hay trad. cast.: *Mientras escribo*, Plaza y Janés, 2001].

5. Escribí más sobre este tema en un blog para la *Harvard Business Review* llamado «The One Thing CEOs Need to Learn from Apple» (30 de abril de 2012).

6. King, tercer prólogo de *op. cit.*, xix.

7. Alan D. Williams, «What Is an Editor?» en *Editors on Editing: What Writers Need to Know About What Editors Do,* 3.ª ed. rev., Gerald Gross (ed.), Nueva York, Grove Press, 1993, p. 6.

14. Limita

1. Se han cambiado algunos detalles menores.

2. Basado en una charla que Clayton Christensen dio ante los estudiantes de la Escuela de Derecho de Stanford en 2013.

3. Henry Cloud y John Townsend, *Boundaries: When to Say Yes, How to Say No,* Grand Rapids, Zondervan, 1992, pp. 29-30. [Hay trad. cast.: *Límites. Cuándo decir «sí», cuándo decir «no»*, Vida, 2006].

4. He encontrado esta historia citada en varios textos: por ejemplo, en Jill Rigby, *Raising Respectful Children in an Unrespectful World,* Nueva York, Simon & Schuster, 2006, cap. 6. [Hay trad. cast.: *Educar niños respetuosos en un mundo irrespetuoso*, Lumen Humanitas, 2013]. Sin embargo, todavía no he descubierto la fuente original, por lo tanto, solo comparto la historia como una anécdota.

15. Amortigua

1. Guy Lodge, «Tatcher and North Sea Oil: A Failure to Invest in Britain's Future», *New Statesman* (15 de abril de 2013), <www.newstatesman.com/politics/2013/04/tatcher-and-north-sea-oil-%E2%80%93-failure-invest-britain%E2%80%99s-future>.

2. Dale Hurd, «Save or Spend? Norway's Commonsense Example», CBN News (11 de julio de 2011), <www.cbn.com/cbnnews/world/2011/July/Save-or-Spend-Norways-Common-Sense-Example-/>.

3. Richard Milne, «Debate Heralds Change for Norway's Oil Fund», *FT.com* (30 de junio de 2013), <https://www.ft.com/content/8466bd90-e007-11e2-9de6-00144feab7de>.

4. Consultar Roland Huntford, *The Last Place on Earth: Scott and Amundsen's Race to the South Pole,* Nueva York, Modern Library, 1999. [Hay trad. cast.: *El último lugar de la Tierra: la carrera de Scott y Amundsen hacia el Polo Sur*, Península, 2002].

5. Jim Collins y Morten T. Hansen, *Great by Choice: Uncertainty, Chaos, and Luck-Why Some Thrive Despite Them All,* Nueva York, Harper Business, 2011. [Hay trad. cast.: *Empresas grandiosas. Incertidumbre, caos y suerte: por qué algunos prosperan a pesar de todo*, Norma, 2013].

6. Daniel Kahneman y Amos Tversky, «Intuitive Prediction: Biases and Corrective Procedures», *TIMS Studies in Management Science*, 12 (1979), pp. 313-327.

7. Roger Buehler, Dale Griffin y Michael Ross, «Exploring the Planning Fallacy: Why People Underestimate Their Task Completion Times», *Journal of Personality and Social Psychology,* 67, n.° 3 (1994), pp. 366-381, doi:10.1037/0022-3514.67.3.366.

8. Roger Buehler, Dale Griffin y Michael Ross, «Inside the Planning Fallacy: The Causes and Consequences of Optimistic Time Predictions», en *Heuristics and Biases: The Psychology of Intuitive Judgment,* Thomas Gilovich, Dale Griffin y Daniel Kahneman (ed.), Cambridge, Cambridge University Press, 2002, pp. 250-270.

9. Stephanie P. Pezzo, Mark V. Pezzo y Eric R. Stone, «The Social Implica-

tions of Planning: How Public Predictions Bias Future Plans», *Journal of Experimental Social Psychology,* 42 (2006), pp. 221-227.

10. Global Facility for Disaster Reduction and Recovery, «Protecting Morocco through Integrated and Comprehensive Risk Management».

11. También en esta obra él identifica doce razones por las cuales la gente no practica la mitigación de riesgos: Centro de Gestión de Riesgos y Procesos de Decisión de Wharton, «Informed Decisions on Catastrophe Risk» (invierno de 2010), <http://opim.wharton.upenn.edu/risk/library/WRCib2010_PsychNatHaz.pdf>.

16. Resta

1. Eliyahu M. Goldratt, *The Goal: A Process of Ongoing Improvement,* Great Barrington, North River Press, 2004, cap. 13, p. 94. [Hay trad. cast.: *La meta: un proceso de mejora continua*, Díaz de Santos S. A., 2013].

2. Sigmund Krancberg, *A Soviet Postmortem: Philosophical Roots of the «Grand Failure»,* Lanham, Rowman y Littlefield, 1994, p. 56.

3. <https://en.wikipedia.org/wiki/poiesis>.

17. Progresa

1. Algunas partes de este capítulo se publicaron primero en un blog que escribí para la *Harvard Business Review* llamado «Can We Reverse The Stanford Prison Experiment?» (12 de junio de 2012).

2. Basado en mis entrevistas a Ward Clapham entre 2011 y 2013.

3. Discurso en la conferencia anual del Partido Laborista, 30 de septiembre de 1993, cuando Blair era ministro del Interior en la sombra; consultar «Not a Time for Soundbites: Tony Blair in Quotations», *Oxford University Press Blog* (29 de junio de 2007), <http://blog.oup.com/2007/06/tony_blair/#sthash.P1rl60Hy.dpuf>.

4. Frederick Herzberg, «One More Time: How Do You Motivate Employees?», *Harvard Business Review* (septiembre-octubre de 1987), <https://hbr.org/2003/01/one-more-time-how-do-you-motivate-employees>.

5. Teresa M. Amabile y Steven J. Kramer, «The Power of Small Wins», *Harvard Business Review* (mayo de 2011), <http://hbr.org/2011/05/the-power-of-small-wins/>.

6. «The Lord Will Multiply The Harvest». Una tarde con Henry B. Eyring, 6 de febrero de 1998. <http://www.lds.org/manual/teaching-seminary-preservice-readings-religion-370-471-and-475/the-lord-will-multiply-the-harvest?lang=eng>.

7. *Ibid.*, «Can we reverse the Stanford Prison Experiment?».

8. Consultar su sitio web, <http://heroicimagination.org/>.

9. Obtuvimos esta idea de Glenn I. Latham, *The Power of Positive Parenting*, North Logan, P&T Ink, 1994.

10. Aparece en el muro de Facebook.

11. Expresión popularizada por Eric Ries en la entrevista «What Is The Minimum Viable Product?», en Venture Hacks (23 de marzo de 2009), <http://venturehacks.com/articles/minimum-viable-product.

12. Peter Sims, «Pixar's Motto: Going from Suck to Nonsuck», *Fast* Company (25 de marzo de 2011), <www.fastcompany.com/1742431/pixars-motto-going-suck-nonsuck>.

18. Fluye

1. Michael Phelps y Alan Abrahamson, *No Limits: The Will to Succeed,* Nueva York, Free Press, 2008. [Hay trad. cast.: *Sin límites: cómo superar los obstáculos y lograr tus sueños*, Temas de Hoy, 2009].

2. Charles Duhigg, *The Power of Habit: Why We Do What We Do in Life and Business,* Nueva York, Random House, 2012. [Hay trad. cast.: *El poder de los hábitos: por qué hacemos lo que hacemos en la vida y en los negocios*, Vergara, 2019].

3. Phelps y Abrahamson, *op. cit.*

4. «Plasticity in Neural Networks», en *The Brain from Top to Bottom* sin fecha, <https://www.thebrain.mcgill.ca/flash/d/d_07/d_07_cl/d_07_cl_tra/d_07_cl_tra.html>.

5. «Habits: How They Form and How to Break Them» (5 de marzo de 2012), <www.npr.org/2012/03/05/147192599/habits-how-they-form-and-how-to-break-them.

6. Mihaly Csikszentmihalyi, *Creativity: Flow and the Psychology of Discovery and Invention,* Nueva York, Harper Perennial, 1997, p. 145. [Hay trad. cast.: *Creatividad: el fluir y la psicología del descubrimiento y la invención*, Paidós, 1998].

7. David T. Neal, Wendy Wood y Jeffrey M. Quinn, «Habit: A Repeat Performance», *Current Directions in Psychological Science,* 15, n.° 4 (2006), pp. 198-202, <http://web.archive.org/web/20120417115147/http://dornsife.usc.edu/wendywood/research/documents/Neal.Wood.Quinn.2006.pdf>.

8. En una entrevista a Dan Pink, <http://www.danpink.com/2012/03/the-power-of-habits-and-the-power-to-change-them/>.

9. Stacy Cowley, «A Guide to Jack Dorsey's 80-Hour Workweek», CNN-MoneyTech (14 de noviembre de 2011), <http://money.cnn.com/2011/11/13/technology/dorsey_techonomy/index.htm>.

19. Concéntrate

1. *Jiro Dreams of Sushi*, dirigida por David Geld (2011).

2. «Oprah Talks to Thich Nhat Hanh», revista *O* (marzo de 2010), <www.oprah.com/spirit/Oprah-Talks-to-Thich-Nhat-Hanh/3>.

20. Sé

1. Eknath Easwaran, prefacio a *The Essential Gandhi: An Anthology of His Writings on His Life, Work, and Ideas,* ed. Louis Fischer (1962; repr., Nueva York, Vintage, 1990), p. xx.

2. «Gandhiji's Philosophy: Diet and Diet Programme», sin fecha, Mahatma Gandhi Information Website, <https://www.gandhi-manibhavan.org/gandhian-philosophy/philosophy-health-dietprogram.html>.

3. <https://www.squaducation.com/blog/death-mohandas-k-gandhi>.

4. Albert Einstein, «Mahatma Gandhi», en *Out of My Later Years: Essays,* Nueva York, Philosophical Library, 1950.

5. Henry David Thoreau a H. G. O. Blake, 27 de marzo, 1848, en *The Portable Thoreau*, Jeffrey S. Cramer (ed.), Londres, Penguin, 2012.

6. Proverbios 23:7.

Apéndice: puntos básicos del liderazgo

1. Guy Kawasaki, «From the Desk of Management Changes at Apple», en *MacUser* (diciembre de 1991); y una obra posterior: «How to Prevent a Bozo Explosion», en *How to Change the World* (26 de febrero de 2006), <http://blog.guykawasaki.com/2006/02/how_to_prevent_.html>.

2. Keith Rabois, respuesta a «What Strong Beliefs on Culture for Entrepreneurialism Did Peter/Max/David Have at PayPal?», *Quora*, sin fecha, <www.quora.com/PayPal/What-strong-beliefs-on-culture-for-entrepreneurialism-did-Peter-Max-David-have-at-Paypal/answer/Keith-Rabois>, consultado el 22 de septiembre de 2013.

3. Tomado de un correo electrónico y una entrevista telefónica de seguimiento en agosto de 2013.

Agradecimientos

Doy las gracias a las siguientes personas:

A Anna, por creer en este proyecto durante muchos años. Y por creer en mí desde hace aún más tiempo. En esto, como en todo, has sido mi amiga más cercana y mi consejera más sabia.

A Talia Krohn, por haber eliminado magistralmente lo no esencial hasta que solo quedó lo esencial.

A Tina Constable, Tara Gilbride, Ayelet Gruenspecht y Gianni Sandri, por empezar una conversación y un movimiento.

A Wade Lucas y Robin Wolfson, por llevarse «de gira» al esencialismo.

A Rafe Sagalyn, por entregar de manera absoluta tu extraordinaria reputación como agente.

A mamá y papá, ya lo sabéis, por todo.

A la abuelita y al abuelito, por mostrarnos a todos nosotros cómo se ve una vida esencial.

A mis suegros, por Anna.

A la señora Sweet, por enseñarme.

Al señor Frost, por hacernos pensar de verdad.

A Sam, James, Joseph, Lewis y Craig, por liberarme para ser yo mismo. Considerad esto mi «nota para explicarlo todo».

A Amy Hayes, por hacer que toda la travesía fuera un largo ganar/ganar.

A Justin, por leer varias partes de este libro, en diversas formas, en varios momentos del día y de la noche.

A Daniel, Deborah, Ellie, Louise, Max, Spencer y Ruth, por hacer que mis elecciones fueran más fáciles al ver primero las suyas.

A Britton, Jessica, John, Joseph, Lindsey, Megan y Whitney, por su apoyo incondicional.

A Rob y Natalie Maynes, por el regalo de una conversación abierta.

A Peter Conti-Brown, por nuestro «trato».

A Allison Bebo, Jennifer Bailey, Tim Brown, Bob Carroll (padre e hijo), Doug Crandall, Alyssa Friedrich, Tom Friel, Rocky Garff, Larry Gelwix, Jonathan Hoyt, Lila Ibrahim, PK, Jade Koyle, Lindsey LaTesta, Jared Lucas, Jim Meeks, Brian Miller, Greg Pal, Joel Podolny, Bill Rielly, Ash Solar, Andrew Sypkes, Shawn Vanderhoven, Jeff Weiner, Jake White, Eric Wong, Dave Yick, Ray Zinn, toda la familia de Jóvenes Líderes Globales y la generación 2008 de la Escuela de Posgrado de Stanford, por darle alegría al viaje.

A Stephen Covey y Steve Jobs, por inspirarme.

A Dios, por sembrar en mí este deseo inagotable, y por hacerlo realidad.

Esta obra se terminó de imprimir
en el mes de octubre de 2025,
en los talleres de Diversidad Gráfica S.A. de C.V.
Ciudad de México